Franz Hohler

Das Kurze. Das Einfache. Das Kindliche

Franz Hohler

Das Kurze. Das Einfache. Das Kindliche

Ein Gedankenbuch

Sammlung Luchterhand

FSC
Mixed Sources
Product group from well-managed
forests and other controlled sources

Cert no. GFA-COC-1223
www.fsc.org

Verlagsgruppe Random House FSC-DEU-0100
Das für dieses Buch verwendete FSC-zertifizierte Papier
Munken Pocket liefert Arctic Paper Munkedals AB, Schweden.

1. Auflage

Satz: dtp im Verlag
Druck und Einband: CPI – Clausen & Bosse, Leck
Printed in Germany.
ISBN 978-3-630-62189-0

www.luchterhand-literaturverlag.de

Das Kurze

Da ging einmal ein Mann ins Büro und traf unterwegs einen anderen, der soeben ein französisches Weißbrot gekauft hatte und sich auf dem Heimweg befand.

Das ist eigentlich alles.

»Begegnung« heißt diese kurze Geschichte des russischen Surrealisten Daniil Charms.

Was will sie von uns? Möchte sie uns ärgern? Wieso wagt sie es, als Geschichte aufzutreten? Sie hat uns ja kaum etwas zu erzählen, sie liegt sozusagen unter dem Gefrierpunkt des Erzählbaren.

Gerade deshalb gehört sie zu meinen Lieblingsgeschichten. Sie hält einen Moment des Lebens fest und behauptet, dass dieser Moment etwas Besonderes sei. Und von dieser Behauptung gehen wir alle aus, die schreiben, dass jeder Moment des Lebens etwas Besonderes ist, das der Beschreibung würdig ist, wenn wir ihn genau anschauen. Jeder Moment ist ein Ausschnitt aus einer längeren Geschichte, und jeder Moment ist, für sich genommen, eine kurze Geschichte.

Was also wäre das Besondere am Moment, den sich Charms ausgewählt hat? Er beschreibt eine kleine Alltagstragödie, die wir alle schon erlebt haben: einer muss zur Arbeit und trifft einen, der auf dem Heimweg ist, der also die Arbeit schon hinter sich hat. Das ist schon schlimm genug, aber der andere trägt mit seinem französischen Weißbrot auch noch ein Stück Vorfreude unter dem Arm, es kommt ein Genuss auf ihn zu, und er hat offenbar genug verdient, damit er sich ein französisches Weißbrot kaufen kann.

Dieses Bild sollen wir mitnehmen, wünscht sich der Dichter, dieses Bild ist eine Geschichte. Vielleicht kommt sie uns wieder in den Sinn, wenn wir selbst mit einer Baguette unter dem Arm die Bäckerei verlassen oder wenn wir leicht nervös mit Papier in den Händen einen Raum betreten, aus dem soeben zufrieden ein anderer herauskommt, der seine Papiere noch im Weggehen ordnet oder der sie ungeordnet in seine Mappe steckt. Eine Momentaufnahme ist es, und wenn ich selbst einer der beiden Männer bin, sagt sie mir entweder: »Jetzt bist du dran« oder »Du hast Glück, du kannst nach Hause«.

Die Zeitgenossen des Autors im Russland der Dreißigerjahre könnten die Geschichte auch anders gelesen haben, denn ich vermute, ein französisches Weißbrot sei nicht einfach zu bekommen gewesen; es könnte durchaus ein Zeichen dafür gewesen sein, dass zwischen den zweien ein unheilvoller Rang- und Privilegienunterschied bestand, und wenn wir uns das grausame Ende von Daniil Charms vergegenwärtigen, der mehr oder weniger im Gefängnis von St.Petersburg verhungert ist, bekommt das Weißbrot unter dem Arm des Höhergestellten etwas höhnisch Unerreichbares. Ein Rettungsboot gleitet am Ertrinkenden vorbei, ohne ihn aufzunehmen.

Ist das zu viel gesagt?

Nein, die Geschichte ist so kurz, dass sie uns zwingt, etwas dazu zu denken. Im Roman können wir immer die nächste Seite aufschlagen und uns vornehmen, am Ende darüber nachzusinnen, aber die kurze Geschichte lässt dies nicht zu. Sie will weitergedacht werden.

Ich möchte mit einer eigenen Geschichte weiterfahren, in welcher sich auch zwei Menschen begegnen.

Lernerfolg

»Siehst du«, sagte die Logopädin strahlend zu ihrem 7jährigen Schüler, nachdem er erstmals und mehrmals das »sch« richtig ausgesprochen hatte, »siehst du, du musst nur die Zunge etwas nach hinten nehmen, und schon geht es.«

»Ja«, sagte der Schüler und nickte. Und dann fügte er hinzu: »Ich habe sie eben lieber vorne.«

Hier treffen nicht nur zwei Menschen aufeinander, sondern zwei Welten. Die Welt der Erwachsenen mit ihren Normen, die unerbittlich, freudlos und rätselhaft sind, und die Welt der Kinder, deren oberstes Gesetz das ist, was Spaß macht.

Der Kontrast, der in dem kleinen Dialog sichtbar wird, genügt, damit es eine Geschichte ist, oder vielleicht eben ein Ausschnitt, ein Wendepunkt einer größeren Geschichte, denn wir ahnen das vorausgegangene lange Leiden der Logopädin, die alle Register ihres Könnens gezogen hat, bis es ihr gelang, den Kleinkinderlaut ihres Schülers zu besiegen, und wir ahnen auch, dass der Erfolg kein dauerhafter ist, denn nun gilt es, dem Kleinen das endgültig auszutreiben, was er gern macht, ihm etwas wegzunehmen, was ihn mit der glücklicheren Zeit seines Lebens verband, als noch kein Schatten einer Schule auf ihn fiel.

Dazu noch eine kurze Geschichte, der ich den Titel »Eine kurze Geschichte« gegeben habe.

Eine kurze Geschichte

Kommst du den Kindern noch gute Nacht sagen? rief die Frau ihrem Mann zu, als sie um acht Uhr aus dem Kinderzimmer kam.

Ja, rief der Mann aus seinem Arbeitszimmer, ich muss nur noch den Brief zu Ende schreiben.

Er kommt gleich, sagte die Mutter zu den Kindern, die beide noch aufgerichtet in ihren Betten saßen, weil sie dem Vater zeigen wollten, wie sie die Stofftiere angeordnet hatten.

Als der Vater mit dem Brief fertig war und ins Kinderzimmer trat, schliefen die Kinder schon.

Auch da sollte spürbar werden, wie die Welten der Kinder und der Erwachsenen verschiedenen Gesetzen gehorchen. Dem Vater fehlen vielleicht noch zwei oder drei Sätze, und dann könnte er die Tür zu seiner Welt abschließen und zu den Kindern gehen, doch er merkt nicht, dass seine Minuten in der Welt der Kinder Stunden zählen. Sein System, an dem er festhalten will, taugt nicht für das kindliche System.

Eine andere kurze Geschichte – Sie sehen, ich spreche nicht über die Kurzgeschichte, sondern über die kurze Geschichte. Unter Kurzgeschichte verstehe ich eine längere Geschichte, eine zwischen 2 und 10 Seiten, die nächstlängere Form ist die Erzählung, von 10 bis 50 Seiten, ab dann erwartet uns die Novelle, und ganz zuletzt die ausschweifendste Erzählform, der Roman. Nach dieser zugegebenermaßen rein quantitativen Abgrenzung zurück zur kurzen Geschichte, obwohl da noch andere Begriffe herumstehen und uns zuwinken, Kurzprosa, Kürzestgeschichte, Miniatur – aber zurück zur kurzen Geschichte:

Frühlingsanfang

Mit den Taschen des Abendeinkaufs stand er vor seiner Haustüre und suchte den Schlüssel, da hörte er zum erstenmal in diesem Jahr eine Amsel singen. Wie schön, dachte er, jetzt bringe ich schnell die Taschen hinein, stelle dann den Kehrichtsack für morgen früh vors Haus und höre noch ein bisschen dem Vogel zu.

Als er mit dem verschnürten Sack vor die Türe trat, war der Gesang verstummt.

Auch diese Geschichte handelt von der Inkompatibilität zweier Systeme. Es stoßen zwei Kräfte aufeinander, die ordnende Kraft des Menschen, die in Kategorien von erstens, zweitens, drittens denkt, und die Kraft der Natur, die überhaupt nicht denkt.

Die zweite Kraft ist stärker. Wer seinem Plan folgt, ist verloren.

Ich möchte hier auf eine Eigenheit der kurzen Geschichte hinweisen.

Sie beschreibt fast immer die Aktion und nicht die Akteure. In keiner der vier Geschichten haben wir etwas über das Aussehen oder die Kleidung, geschweige denn die Herkunft der Menschen erfahren. Diese wurden nur in einem Kräftefeld platziert, in welchem sie ihren kurzen Auftritt hatten. Trotzdem stelle ich mir die beiden Männer in der Geschichte von Charms vor, in meinem Kopf tragen sie z. B. beide einen Hut, und natürlich hoffe ich, dass Sie auch die Figuren meiner Geschichten »gesehen« haben. Die einzige Ausschmückung, die ich mir gestattet habe, ist das Partizip »strahlend«, das ich der Logopädin zugestand, und auch dieses bezieht sich nicht auf das Aussehen, sondern auf den Gemütszustand der Frau. Aus ihm sollte der quälende Prozess abzulesen sein, der diesem Moment vorausging.

Diese Technik des Weglassens werden Sie auch erkennen, wenn Sie die kurzen Geschichten von Kafka oder Brecht lesen. Wir erfahren nie, ob Herr K. groß oder klein, dünn oder dick ist, wir erfahren nur, was er tut oder sagt. Kafka erzählt uns in seiner Geschichte »Der Aufbruch« nicht, wie Herr und Diener gekleidet sind, er erzählt uns nur, dass sie Herr und Diener sind. Und gerade das gehört zum Anregenden, Stimulierenden der kurzen Geschichte: Sie verlangt die Mitarbeit unserer Vorstellungskraft, wir sind zum Ergänzen aufgefordert. Der Autor legt uns sein Skript vor, und wir, die wir es lesen, sind seine Produzenten, wir entscheiden über Casting, Kostüm, Maske, Frisur, Licht und Ton.

Ich erlaube mir, einen Gegensatz zu zitieren:

Graf Prittwitz war das, was man unter Frauen, damals wie heute, einen »interessanten Mann« zu nennen pflegt. Sein schmales, dunkles Gesicht, das schon mit vierzehn etwas müde und lebenskühl gewirkt haben mochte, zeigte jene Mischung aus Weichheit und eigensüchtiger Härte, die immer eine dunkle, gefährlich verhaltene Hintergründigkeit, eine leidenschaftliche Unruhe des Gefühls auszudrücken scheint, auch wenn sich nichts dergleichen dahinter verbirgt.

So beschreibt Carl Zuckmayer in seiner Erzählung »Eine Liebesgeschichte« den männlichen Hauptdarsteller. Es ist viel, was wir in diesen zwei Sätzen erfahren, der Mann ist schmal, dunkel, müde, lebenskühl, weich, hart, eigensüchtig, hintergründig, gefährlich, verhalten, leidenschaftlich, unruhig.

Die weibliche Hauptdarstellerin wird uns nicht weniger wort- und andeutungsreich vorgestellt:

Von Natur aus zu leichter Fülle neigend, blieb doch ihr Körper stets straff und nervig gespannt, und um Fesseln und Kniekehlen, vor allem aber von den Hüften aufwärts zu Schultern und Nacken hin hatte sie etwas von der wendigen Biegsamkeit eines Reitpferdes aus guter Zucht.

Wir können uns also auf einiges gefasst machen, wenn der hintergründige, unruhige und gefährlich leidenschaftliche Graf dieses wendige Reitpferd auf den nächsten 40 Seiten bändigen will.

Ich mache nun etwas Gefährliches: ich lese Ihnen eine meiner kurzen Geschichten, die genau denselben Titel trägt, und ich lese sie nicht, um in Konkurrenz mit Zuckmayer oder mit längeren Liebesgeschichten zu treten. Die Liebe ist wohl eine der dauerhaftesten Gäste der Literatur und bedient sich all ihrer Erscheinungsformen, von der Lyrik über das Drama bis zum Roman, und wir mögen ihrer Laune und ihren Irrungen und Wirrungen ohne weiteres über Hunderte von Seiten folgen, wenn uns die Liebenden oder Abweisenden interessieren. Aber natürlich tritt sie auch in der kurzen Geschichte auf und möchte uns dort ohne jedes Beiwerk mitten ins Herz treffen.

Eine Liebesgeschichte

Man dürfe nicht einfach sagen, die Deutschen hätten hier gewütet, sagt die 70-jährige Frau in Kiew, sondern die deutschen Faschisten. Es habe nämlich auch andere gegeben.

Und sie erzählt die Geschichte von Sonja. Sie sei das schönste Mädchen der Schule gewesen, so schön sei sie gewesen, dass die Jungen am Morgen vor dem Eingang gewartet hätten, nur um sie hineingehen zu sehen. Sie sei Jüdin gewesen, und als die Nazis gekommen seien, habe sie für sie übersetzen müssen. Während dieser Zeit habe sich ein deutscher Soldat in sie verliebt. Als dann nach und nach die jüdische Bevölkerung ausgerottet wurde, zuerst die Alten, dann die Kinder, dann die mittlere Generation, sei die Reihe auch an sie gekommen, und es wurde der Befehl erteilt, sie umzubringen. Da habe der Soldat seinen Vorgesetzten gefragt, ob er das tun dürfe. Das sei ihm zugestanden worden. Er sei dann mit ihr auf einen Liebesspaziergang in den Wald gegangen, habe sie dort von hinten erschossen und habe gleich darauf auch sich selbst getötet und sei neben ihr hingefallen, und so habe man die beiden am Tag darauf gefunden.

Dies ist nun mehr als ein Moment, dies ist eine Tragödie auf knappstem Raum, und ich habe sie so aufgeschrieben, wie sie mir die Frau in Kiew erzählt hat. Ich kann mir durchaus vorstellen, dass man dieser wahren Geschichte mit Recherchen nachginge und herausbekäme, wer der Soldat gewesen war, aus welcher Gegend in Deutschland er kam und aus welcher Familie, und auch wer das Mädchen gewesen war, und dass man dann eine Erzählung oder eine Novelle oder sogar einen Roman aus der Geschichte machen würde. Ich hatte dieses Bedürfnis nicht, ich wollte diesem Romeo-und-Julia-Paar einen einfachen Gedenkstein setzen, und dafür brauchte ich nicht mehr von den beiden zu wissen.

Eine andere Geschichte kommt mir in den Sinn, die möchte ich Ihnen vorlesen:

Zwei Büsche

Im Sommer kam der Gärtner und sägte im Auftrag des Kantons unsern großen Cotoneasterbusch um, da dieser, wie uns auf einem Informationsblatt mitgeteilt wurde, den Feuerbrand auf die Obstbäume weiterverbreite.

Erst als er am Boden lag, merkten wir, wie sehr er mit dem alten Fliederbusch verwachsen gewesen war, von dessen ganz im Efeu verborgenem Stamm die Äste nun nackt und hilfesuchend im Wind ruderten, wenn es stürmte.

Im Winter dann, beim ersten großen Schnee, stürzte der Flieder um.

Die Bruchstelle verriet: er war so morsch gewesen, dass er schon längst zusammengebrochen wäre, hätte ihn der Cotoneaster in seinen letzten Jahren nicht sanft umarmt.

Zu dieser Geschichte möchte ich nichts sagen. Dafür lese ich Ihnen noch eine Geschichte, die heißt

Das Blatt

Eine Ameise schleppt mit Mühe ein Blatt von weither zu ihrem Ameisenhaufen.

Wie sinnlos, denkst du, direkt beim Ameisenhaufen ist der Boden doch voll von solchen Blättern.

Was du nicht weißt: dieses Blatt ist ein Liebesbrief, den die Ameise einer andern bringt, und würde sie einfach neben dem Haufen ein Blatt auflesen, wäre es kein Liebesbrief, denn die wirkliche Liebe kommt von weither.

Das waren also drei Liebesgeschichten, die beiden letzten kamen als Metaphern daher, die Liebe hat sich eigentlich in den Text eingeschlichen. Im Text von den Büschen wird sie nicht einmal erwähnt, aber es ist offensichtlich, dass er von ihr handelt.

Die kurze Geschichte bedient sich gewöhnlich nur einer einzigen Metapher, so wie sie sich auch nur eine einzige Situation oder Konstellation herausgreift. Und das ist auch ihre Chance, in unser geistiges Gepäck aufgenommen zu werden, sie muss nicht im Koffer mitgeschickt werden, sie findet im Handgepäck Platz.

Ich lese Ihnen eine Geschichte von Bertolt Brecht, die ich nie vergessen habe und bestimmt nie vergessen werde:

Das Wiedersehen

Ein Mann, der Herrn K. lange nicht gesehen hatte, begrüßte ihn mit den Worten: »Sie haben sich gar nicht verändert.«

»Oh!« sagte Herr K. und erbleichte.

Im Übrigen gehört der Witz auch zur Gattung der kurzen Geschichte. Ich gehöre zu den Menschen, die gerne Witze hören, der Witz ist sozusagen das Kleingeld der geistigen Währung. Und er trägt die Kennzeichen der kurzen Geschichte: Er lebt von einer Situation, von einem Kräftefeld, von einer Erwartung, aus der er meistens in der Pointe ausschert. Er spielt mit inkompatiblen Systemen, schematische Denkvorstellungen prallen an lebendigen ab, und das ist es, was uns zum Lachen bringt, oder wie es Henri Bergson in seinem Buch »Le rire« ausgedrückt hat: »Le mécanisme planqué sur le vivant.«

Der letzte Witz, den ich gehört habe:

Wissen Sie, wie man in der Schweiz Rundflüge bucht?

Nehmen Sie einen Linienflug, der Kloten am Samstagmorgen anfliegt.

Und der letzte gute Witz, den ich gehört habe:

Der katholische und der reformierte Pfarrer eines Städtchens unterhalten sich über die Fledermäuse in ihrer Kirche.

Es sei furchtbar, sagt der katholische, bei ihm hausen sie in der Kuppel des Chors, und manchmal, wenn der Messdiener zur Wandlung klingle, kämen alle heruntergeflattert. Ob das in seiner Kirche auch so sei?

Tatsächlich, sagt der reformierte, auch in seiner Kirche gebe es immer wieder welche, aber eigentlich sei das für ihn kein Problem.

Was er denn dagegen tue, fragt ihn der katholische, und der reformierte sagt:

»Ich konfirmiere sie einfach, und dann kommen sie nie wieder in die Kirche.«

Witze sind für mich ein Rätsel.

Ich schreibe Texte, die man durchaus als witzig taxieren kann, ich schreibe kabarettistische Bühnenprogramme, die eine relativ hohe Dichte von Pointen haben, welche wiederum einen relativ hohen Dezibelgrad von Gelächter erzeugen, einige meiner erfundenen berndeutschen Ausdrücke in der Geschichte vom »Totemügerli« und vom »Blindeli« sind sogar in die berndeutsche Umgangssprache eingeflossen, aber noch nie ist es mir gelungen, einen Witz zu erfinden und in Umlauf zu setzen. Ich weiß auch nicht, wo sich die Münzpräganstalt des geistigen Kleingelds befindet, es ist der Volksmund, sagt man, aber ich bin ihm nie auf die Spur gekommen. Oft bin ich in fröhlichen und geistreichen Gesellschaften gesessen, aber nie habe ich der Geburt eines Witzes beigewohnt. Der Witz hat ja auch keinen Autor, so wie das Volkslied in der Regel auch keinen hat.

Zum Trost wenigstens eine Geschichte über einen Witz:

Der Wunsch

»Haben Sie noch einen Wunsch?« fragte der Kellner den Gast, als er den Teller und das Besteck abräumte.

»Ja«, sagte der Gast, »einen Cognac Napoléon, eine Villa am Zürichberg, einen Bentley und eine Frau, mit der man Pferde stehlen kann.«

»Das ist ein bisschen viel auf einmal«, sagte der Kellner, »aber wir werden sehen, was wir tun können.«

Und als er wenig später den Cognac servierte, wurde er von einem Notar begleitet, der eine Schenkungsurkunde für eine Villa an der Krönleinstraße mit einem Bentley in der Garage bei sich hatte. Der Gast bedankte sich und trank einen Schluck, da setzte sich eine Frau mit blitzenden Augen an seinen Tisch und stellte sich als bekannte Pferdediebin vor.

Bevor sie zusammen das Lokal verließen, schrieb der Gast in sein Notizbuch: »Essen mittelmäßig, Bedienung erstklassig.«

Hier wird, ziemlich überraschend, ein Wunsch erfüllt, und zwar ein Wunsch, der als Witz gedacht war. Der Witz wird ernst genommen, und dadurch wird der Wunsch erst als Witz entlarvt. Die kurze Geschichte bietet, und auch das gehört zu ihren Eigenheiten, immer genügend Platz für das Paradoxe.

Abschied für immer

Ein Gesunder besuchte einen Todkranken.

»Auf Wiedersehen«, sagte er beim Abschied.

»Ich glaube nicht, dass wir uns wiedersehen«, sagte der Todkranke.

Und er hatte Recht.

Auf dem Heimweg fuhr der Gesunde mit seinem Sportwagen über eine Kurve hinaus und war sofort tot.

Oder ein noch härteres Paradox:

Als der Krieg aus war, kam der Soldat nach Hause. Aber er hatte kein Brot. Da sah er einen, der hatte Brot. Den schlug er tot.

Du darfst doch keinen totschlagen, sagte der Richter.

Warum nicht, fragte der Soldat.

Diese Lesebuchgeschichte von Wolfgang Borchert ereignet sich nach jedem Krieg wieder aufs Neue. Im Magazin des Tages-Anzeigers vom 8. November 2003 lesen wir mit Erschrecken, wie die Gewalt Einzug hält in den Familien der amerikanischen Elitetruppen, die aus dem Irak zurückkehren, wo man die Soldaten zu Killern ausgebildet hat.

Das Paradoxe ist häufig nichts anderes als eine Warnflagge, die geschwenkt wird, wenn wir das Gelände des Normalen betreten: Pass auf, es ist nicht so einfach! Der Boden ist vermint.

Die kurze Geschichte schlägt uns Ansichten eines Problems vor, oder eigentlich, so wie sie sich immer nur einer Situation oder einer Metapher bedient, eine Ansicht eines Problems, sie ist, im doppelten Sinn, einseitig. Meine Sammlung von 111 Geschichten aus der Literatur, die nicht länger als eine Seite sind, nannte ich deshalb »111 einseitige Geschichten«. Bevor Sie am Büchertisch danach fragen: Sie ist leider vergriffen. (Inzwischen gibt es eine neue, erhältliche, mit dem erstaunlichen Titel »112 einseitige Geschichten«, Taschenbuch Sammlung Luchterhand Nr. 62000)

Und was hat uns die kurze Geschichte zu bieten bei der Erklärung der Welt?

Hält sie vielleicht auch gedankliche Momente fest, kann sie, wenn sie sich zu den Philosophen an den Tisch setzt oder mit ihnen peripathetisch auf und ab geht, kann sie da mithalten?

Ich behaupte: gerade hier kann sie mithalten. Dort, wo die theoretische Erkenntnis in Begriffen schwimmt, die sie eigentlich nicht ganz fassen kann, dort hilft die kurze Geschichte mit einem Bild aus, sie arbeitet sozusagen als Aushilfsphilosophin.

Die Schöpfung

Am Anfang war nichts außer Gott.

Eines Tages bekam er eine Gemüsekiste voller Erbsen.

Er fragte sich, woher sie kommen könnte, denn er kannte niemanden außer sich.

Er traute der Sache nicht ganz und ließ die Kiste einfach stehen, oder eher schweben.

Nach sieben Tagen zerplatzten die Hülsen, und die Erbsenkugeln schossen mit großer Gewalt ins Nichts hinaus.

Oft blieben dieselben Erbsen, die in einer Hülse gewesen waren, zusammen und umkreisten sich gegenseitig.

Sie begannen zu wachsen und zu leuchten, und so wurde aus dem Nichts das Weltall.

Gott wunderte sich sehr darüber. Auf einer der Erbsen entwickelten sich später alle möglichen Lebewesen, darunter auch Menschen, die ihn kannten. Sie schrieben ihm die Erschaffung des Weltalls zu und verehrten ihn dafür.

Gott wehrte sich nicht dagegen, aber er grübelt bis heute darüber nach, wer zum Teufel ihm die Kiste mit den Erbsen geschickt haben könnte.

Sie lachen jetzt, aber die Geschichte ist durchaus ernst gemeint.

Die Entstehung der Welt ist eines der Mysterien, über die ich immer wieder nachdenke. Wer könnte darüber Bescheid wissen, hab ich mich vor ein paar Jahren gefragt, und da kam mir Stephen Hawking in den Sinn, der englische Astrophysiker mit seiner Nervenkrankheit, und ich kaufte mir sein Buch mit dem vielversprechenden Titel »A Brief History of Time«, freute mich zunächst über die absolut persönliche Art, in welcher er beschrieb, wie er in die Forschung über die schwarzen Löcher hineingeriet, nämlich wegen einer Frau, in die er sich verliebt hatte und die er heiraten wollte, und weil zu dieser Zeit eine anständig bezahlte Assistenzstelle auf diesem Gebiet frei war. Aber als er zum Wesentlichen kam, merkte ich, dass ich ihm nicht folgen konnte, dass ich schlicht nicht verstand, was er mir über die Entstehung des Weltalls zu sagen hatte. Ist das möglich, fragte ich mich leicht verärgert, dass der so viel gescheiter ist als ich? Er ist doch gar nicht viel älter… Zugleich ahnte ich, dass der Rückstand von mir zu ihm nicht aufholbar war. Und da beschloss ich aus Trotz, jeden Tag, während ich sein Buch las, eine Schöpfungsgeschichte zu schreiben, und das war eine davon. Später habe ich diese eine ins Englische übersetzen lassen und hab sie Stephen Hawking geschickt, als Echo auf seine Theorien. Er hat nie darauf reagiert, aber etwa vor zwei Jahren ging eine Mitteilung durch die Presse, die Hawking der Welt zu machen hatte, nämlich dass das ganze Weltall ursprünglich nicht größer gewesen sei als eine Erbse. Da hab ich gedacht: Stephen, Stephen, wo hast du das her? Aber natürlich würde es mich freuen, wenn die kurze Geschichte etwas zur Erkenntnis der Dinge beigetragen hätte, denn dazu ist sie durchaus in der Lage.

Die Frage, woher das Böse in der Welt kommt, hat die Menschen zu allen Zeiten beschäftigt, von den alten Persern mit ihren Götterzwillingen Ormuzd und Ariman bis zum 11. September, und gerade die Theologen mussten sich stets ziemlich verrenken, um die Unschuld Gottes daran zu erhalten. Wo steht die mephistophelische Macht heute, welche Allianzen geht sie ein? Dazu eine kurze Geschichte mit dem Titel

Der Autostopper

Der Teufel machte einmal außerhalb von Bellinzona Autostop, aber niemand wollte einen Typ mit Hörnern und einem Dreizack mitnehmen.

Endlich, es ging schon gegen Abend, hielt ein Amerikanerwagen an, und der Fahrer, ein jüngerer Mann mit langen Haaren und sanften Augen, hieß den Teufel einsteigen. Dieser setzte sich neben den Fahrer und gab als Reiseziel Rom an.

Dorthin fahre er auch, sagte der sanfte Langhaarige und lächelte dem Autostopper zu.

Dieser schaute den Fahrer immer wieder an und fragte ihn schließlich: »Kennen wir uns nicht von irgendwoher?«

»Ich glaube, wir haben uns zuletzt in der Wüste gesehen«, sagte der und hob freundlich seine durchlöcherte Hand.

»Und was willst du in Rom?« fragte der Teufel.

»Den Papst erschrecken«, sagte der Fahrer, »der glaubt doch schon lang nicht mehr an mich.«

»Darf ich mitkommen?« fragte der Teufel.

»Aber gern«, sagte der Fahrer, »zusammen sind wir stärker.«

Beide lachten, und Jesus gab Gas.

Vielleicht kennt jemand von Ihnen meine Erzählung »Das Haustier« aus dem Bändchen »Der Rand von Ostermundigen«. Dort kauft sich ein Mann in einer Zoohandlung ein Tier, das ihn fasziniert und das nicht einmal der Händler kennt, und mit der Zeit stellt sich heraus, dass es ein Teufel ist, der sich nun immer ekelhafter zu benehmen beginnt, doch der Mann stellt zu seinem Erstaunen fest, dass er sein Haustier gern hat und sich nicht mehr von ihm trennen kann. Dies sage ich Ihnen nur, damit nicht der Eindruck aufkommt, ich würde jedes Motiv nur auf eine einzige Seite hin komprimieren.

Aber ich komprimiere schon gern.

Gott zum Beispiel, der so oft angerufen wird von allen Völkern – was erwarten wir von ihm, und was soll er eigentlich tun?

Die Konferenz

Gott versammelte sich an einem großen Tisch und eröffnete die Sitzung.

»Meine Herren«, sagte er, »ich werde vom amerikanischen Präsidenten dringend um Beistand im Krieg gebeten. Zudem soll ich sein Land segnen. Hat jemand etwas dagegen?«

Er verschwand unter der Tischplatte und tauchte auf der linken Seite mit einem Palästinensertuch wieder auf.

»Tja«, sagte er hüstelnd, »ich werde vom irakischen Präsidenten dringend um Beistand gebeten. Zudem soll ich sein Land segnen und den Krieg heiligsprechen. Ich habe mir gerade überlegt, ob ich das möglicherweise tun könnte.«

Er verschwand unter der Tischplatte und erschien auf der rechten Seite wieder, mit einem Käppchen auf dem Kopf.

»Moment«, sagte er, »ich werde vom israelischen Präsidenten dringend um Beistand gebeten. Zudem soll ich sein Land segnen. Also was nun?«

In dem Moment kam der Erzengel Gabriel mit der Nachricht, der Fernsehapparat mit dem CNN-Sender sei jetzt installiert, und Gott brach die Konferenz ab, setzte sich vor den Bildschirm und schaute zu, bis der Krieg zu Ende war.

Die kurze Geschichte übrigens gehört in die moderne Zeit. Weder Goethe noch Schiller, noch Droste-Hülshoff oder Gottfried Keller haben sie gepflegt. Unter den deutschen Klassikern sind es, soweit ich sehe, einzig Lessing, Kleist und vor allem Hebel, die sich für sie interessiert haben. Alle drei haben sich einer bereits bestehenden literarischen Gattung bedient, für Lessing war es die Fabel, für Kleist und Hebel die Anekdote. Hebel fand dabei für die Leserschaft seines Almanachs eine Form der Kolportage, in welcher fast immer spürbar ist, dass ihm diese Geschichte erzählt oder zugetragen worden war. Dazu kamen die Brüder Grimm, die ja die Märchen so auflasen, wie sie sie fanden, wie Ähren neben dem abgeernteten Felde, und wenn sie eine kurze fanden, eine Ähre ohne Stiel, dann gaben sie sie in ihrer Kürze wieder. Die kurzen Märchen ihrer Sammlung gehören für mich zu den stärksten und menschlichsten, denn meistens erzählen sie unter Auslassung sämtlicher Däumlinge, Prinzen und Riesen von etwas Schrecklichem, das jemandem widerfahren ist.

Von einem eigensinnigen Kinde

Es war einmal ein Kind eigensinnig und that nichts was seine Mutter haben wollte. Da hatte der liebe Gott kein Wohlgefallen an ihm und es ward krank, und kein Arzt konnt' ihm helfen und bald lag es auf dem Todtenbettchen. Als es ins Grab versenkt war, und Erde darüber gedeckt, kam auf einmal sein Ärmchen wieder hervor und reichte in die Höhe, und wenn sie es hineinlegten und frische Erde darüber legten, so half das nicht, es kam immer wieder heraus. Da musste die Mutter selber zum Grab gehen und mit der Ruthe auf das Ärmchen schlagen, und wie sie das gethan hatte, zog es sich hinein und hatte nun erst Ruh unter der Erde.

Diese Geschichte habe ich an einem Geschichtenabend in Bolivien ohne den Schluss vorgelesen und die Leute gefragt, was sie tun würden. Die Hand streicheln, hat jemand gesagt, Blumen in die Hand geben, jemand anderes, und schlagen, hat eine Frau gesagt und hinzugefügt, dass sie diese Geschichte von ihrer Mutter gehört habe, nur sei es ein Bein gewesen, das aus dem Grabe geschaut habe.

Eine Sage also, eine weltweite, unheimliche, brutale Sage von der Erziehung, eine Sage auch, in der sich Gott nicht hinter den Fernsehapparat verkriecht, sondern handelt und das Kind zu Tode kommen lässt, weil es nicht folgsam ist. Auch die Sage gehört zu den alten Kurzformen, und wie das Märchen, die Fabel und die Anekdote hat sie viel mit der mündlichen Überlieferung zu tun. Ich werde auf diese Gattungen in den nächsten beiden Vorlesungen über das Einfache und das Kindliche näher eingehen.

Nur soviel: Vielleicht waren diese Formen dem Kunstbegriff der Klassik und der Romantik zu wenig erhaben, zu nahe bei der oral history, zu populistisch. Auch hatten die Menschen wohl mehr Zeit, längeren Geschichten und Erzählungen zu folgen, wenigstens die Menschen der Schicht, die Muße hatte und lesen und schreiben konnte.

Dann erfolgte der Übergang ins atemlose 20. Jahrhundert, der Telegraph wurde erfunden und mit ihm der Telegrammstil.

Vor ein paar Tagen hielt ich im Landesarchiv des Kantons Glarus die erste Nachricht über den Bergsturz von Elm im Jahre 1881 in der Hand. Von diesem Bergsturz, der mehr als hundert Menschen unter sich begrub, erzählt meine Novelle »Die Steinflut«. Die erste Nachricht war ein Telegramm, das der Förster Marti aus Matt wenige Minuten nach dem Unglück ans Kantonsforstamt Glarus schickte, und darauf stand

Soeben in Elm Berg zusammengebrochen. Marti

Die Botschaft einer Katastrophe musste in einem einzigen Satz Platz finden, und das Ticken der Morsezeichen wurde zum akustischen Symbol der Nachricht, dann trat mit schrillem Klingeln das Telephon seinen Siegeszug gegen den Brief an, der in unseren Tagen durch den Triumph von Fax, E-Mail und SMS besiegelt werden sollte, Auto und Flugzeug gaben dem Kampf gegen die Distanzen, welche Dampfschiff und Eisenbahn begonnen hatten, eine neue Dimension, und mit der Hektik der frühen Filme, welche mit 12 oder 18 Bildern pro Sekunde gedreht wurden und dadurch wirkten, als kürzten sie mit den Bewegungen auch die Zeit ab, traten Dichter auf wie Jakob van Hoddis, der in einer short message von 8 Zeilen das Weltende beschrieb, und der erste große Meister der kurzen Geschichte, den ich trotz seines Todesjahres 1924 immer noch als Zeitgenossen empfinde, Franz Kafka.

Das erste, was er 1908 in Franz Bleis Literaturzeitschrift »Hyperion« veröffentlichte, waren 8 Prosaskizzen unter dem Titel »Betrachtung«, darunter so kurze wie

Zerstreutes Hinausschaun

Was werden wir in diesen Frühlingstagen tun, die jetzt rasch kommen? Heute früh war der Himmel grau, geht man aber jetzt zum Fenster, so ist man überrascht und lehnt die Wange an die Klinke des Fensters.

Unten sieht man das Licht der freilich schon sinkenden Sonne auf dem Gesicht des kindlichen Mädchens, das so geht und sich umschaut und zugleich sieht man den Schatten des Mannes darauf, der hinter ihm rascher kommt.

Dann ist der Mann schon vorübergegangen, und das Gesicht des Kindes ist ganz hell.

Das ist Kafkas Première in der Literatur. Der Autor schaut zum Fenster hinaus und behauptet, das, was wir alle behaupten, die schreiben, nämlich das, was er sehe, sei erzählenswert, sei eine Geschichte, und es ist, wie bei Daniil Charms, die Geschichte einer Begegnung. Allerdings ist sie unheimlicher als diejenige der zwei Männer, denn es fällt der Schatten eines Mannes, der rascher kommt als die Frühlingstage, die jetzt bald da sein werden, auf das Gesicht eines kindlichen Mädchens, das sich sogar nach dem Manne hinter ihm umdreht. Den Schatten des Mannes, der auf ein Kind fällt, werden wir später im Film »M – eine Stadt sucht einen Mörder« wieder sehen und nicht mehr vergessen. Aber Kafka beschreibt ja nur das, was er gesehen hat, deshalb bleibt das Mädchen, um das wir schon leise gefürchtet haben, am Leben, der Mann ist vorübergegangen, und das Gesicht des Kindes ist ganz hell.

In den schönen Abend fällt also buchstäblich der Schatten einer Bedrohung, und diesen Moment zeigt die Geschichte. Dass sie mit einer Frage beginnt (»Was werden wir in diesen Frühlingstagen tun?«), macht sie ebenfalls ungewöhnlich, und die Frage wird dreifach beantwortet: Der Dichter ist der, der drinnen bleibt und die Wange an die Klinke des Fensters lehnt, die Kinder sind draußen, gehen so und schauen sich um dabei, die Männer aber werden von den Kräften und Säften des Frühlings umgetrieben.

Ist das zu viel gesagt? Nein, ich erfülle nur die mir zugedachte Aufgabe des Lesers, der die Geschichte weiterdenken soll, und Sie können ruhig etwas anderes dazu sagen, wir haben alle Recht. Auch das gehört zu den Eigenheiten der kurzen Geschichte, sie ist nach allen Himmelsrichtungen hin offen, und ihre Interpretation kann fast nur unsere Assoziation sein, wir können anknüpfend dort weitergehen, wo es uns hinzieht mit unsern Gedanken, Erinnerungen und Träumen. Die kurze Geschichte ist immer allein, und sie sehnt sich immer nach Gesellschaft, und ihre Gesellschaft, das sind Sie und ich.

Wenn ich jetzt behauptet hätte, der Text sei von Robert Walser, hätten Sie mir das geglaubt? So weit sind sie ja nicht voneinander entfernt, die beiden, und auch Walser gehört für mich zu den Dichtern mit dem großen Instinkt fürs Kurze.

Ich frage mich, wie es dem Mädchen vor Kafkas Fenster wohl später ergangen ist, mit seinem hellen Gesicht. Vielleicht so?

Das verbotene Zimmer

So viele Türen stehen offen in unserm Schloss.

Und dann ist die eine, die schlimme, die verbotene, die unheilvolle, von der Schlossvater und -mutter ihrem Kind sagen, aber gell, die machst du nie auf. Nie.

Mhm, sagt das Kind, nie, und es verkehrt in allen andern Zimmern, im Musikzimmer, im Wasserballzimmer, im Pingpongzimmer, vielleicht öffnet es auch die Türe, die nach Amerika führt, und nach einem Jahr kommt es durch dieselbe Türe wieder zurück, es wirkt zufrieden, es spricht vernünftig mit uns, es ist fröhlich, es ist phantasievoll, es macht eine Lehre oder nimmt die Matura in Angriff, und wir atmen schon auf – unsere Erziehung war richtig.

Und da, eines Tages, als wir weg sind, Schlossvater und -mutter, spürt das Kind die unerklärliche, durch nichts zu besänftigende Sehnsucht, einmal, nur ein einziges Mal, die verbotene Türe zu öffnen, und vielleicht schreien in diesem Moment hunderttausend Schlossmütter und -väter und -geschwister und -großmütter und -urgroßmütter in ihm: »Tu's nicht! Tu's nicht!«

Und das Kind geht hin und öffnet die Türe, allen Stimmen zum Trotz, und es kommt in ein wunderschönes Zimmer, und es ahnte ja, dass es dort schön sein würde, und es bleibt ein bisschen, und erst, als es die Eltern kommen hört und zurückhuschen will ins Schloss, merkt es, dass es im verbotenen Zimmer gefangen ist und dass man durch diese Türe nur hinein kann, aber niemals wieder zurück.

Ich möchte noch auf einen andern Aspekt der kurzen Geschichte zu sprechen kommen.

Da sie ihren Scheinwerfer nur auf eine Situation, auf einen Moment richtet, lässt sie so und so viel Umgebung im Dunkeln, sie isoliert und vergrößert das Geschehen, so banal es sein mag, und das rückt sie oft in die Nähe des Komischen, des Grotesken. Wir schauen fast mehr auf den Schatten, den das beleuchtete Objekt auf den Hintergrund wirft, als auf das Objekt selbst, es entsteht dieselbe Übertreibung, die Überzeichnung, mit der auch die Karikatur arbeitet.

Vergessen Sie alle Sprachen, die Sie gelernt haben, und lernen Sie mit mir das Ektische kennen:

Ektisch

Das Ektische gehört zu den toten Sprachen und scheint mir deshalb die interessanteste von allen zu sein, weil sie nur zwei Wörter hatte.

Das erste hieß »M«, und das zweite »Saskrüptloxptqwrstfgaksolömpääghrcks«.

»M« ist weiblich und heißt »Was ist denn jetzt wieder los?« und »Saskrüptloxptqwrstfgaksolömpääghrcks« ist männlich und heißt »Nichts«.

Das kam daher, dass die Ekter in einem erloschenen Vulkantrichter lebten, der tief im Innern immer noch rumorte. Jedesmal, wenn es rumpelte, schossen die Ekterinnen erschreckt auf und riefen: »M?«, worauf ihre Männer mit beruhigender Stimme sagten: »Saskrüptloxptqwrstfgaksolömpääghrcks.«

Das war das Einzige, worüber die Ekter sprachen, alles andere erledigten sie in so großer Eile, dass ihnen keine Zeit zum Sprechen blieb.

Ein unruhiges Land muss das gewesen sein, dieses Ektien. Einmal kam es infolge von ungewöhnlichen Häufungen des

Vulkangrollens sogar zu politischen Demonstrationen, bei denen eine große Zahl von Ektern vor das Rathaus zog und in Sprechchören die Worte »M!M!M!« skandierte, worauf der ektische Präsident auf den Balkon des Rathauses trat und in einer großen Rede versicherte: »Saskrüptloxptqwrstfgaksolömpääghrcks!«

Dies stimmte allerdings nicht ganz, und der Präsident selbst wusste das auch, aber unglücklicherweise hatte er keine weiteren Ausdrücke zur Verfügung, und so gehört das Ektische heute zu den ausgestorbenen Sprachen.

Eine solche Sprache hat sich vielleicht Wilhelm von Humboldt vorgestellt, als er seinen Bruder, den Naturwissenschafter und Geographen Alexander bat, auf seiner Weltreise auch nach Stämmen zu suchen, die gerade erst dabei wären, die Sprache zu entwickeln, weil er sich so einen Einblick in die Genese von Wortschatz und Grammatik erhoffte. Das Resultat war genau umgekehrt, Alexander stellte fest: je niedriger die Zivilisationsstufe eines Stammes war, desto komplizierter war seine Sprache, doch dies nur nebenbei. Das sprachphilosophische oder erkenntnistheoretische Problem aber, das die Geschichte umschreibt, ist dasjenige, über dem schon Kant gegrübelt hatte, nämlich dass wir gezwungen sind, die Wirklichkeit mit denjenigen Begriffen zu erkennen und zu beschreiben, die uns zur Verfügung stehen. Dass die Beschwichtigung umständlicher und wohl auch männlicher ist als die besorgte Frage, war wohl schon seit jeher so.

Eigentlich ist dies auch eine Kurzfassung meines einzigen großen Romans, den ich bisher geschrieben habe, »Der neue Berg«, in welchem auf 434 Seiten ein verborgener Vulkan rumort und ein Teil der Bevölkerung wissen will, was los ist, und von einem andern Teil der Bevölkerung, mit »Nichts« beschwichtigt wird.

»Ektisch« habe ich 1968 geschrieben, den »neuen Berg« 20 Jahre später.

Der Schrei in der Nacht

Bei Schweglers ging der Fernsehapparat kaputt.

Es war Abend, und sie konnten niemanden erreichen, der ihn reparierte.

Herr und Frau Schwegler konnten es nicht begreifen. Sie hatten wie jeden Abend einen Krimi anschauen wollen. Heute wäre »Der Schrei in der Nacht« gekommen.

»Was machen wir jetzt, Schatz?« fragte Herr Schwegler und blickte seine Frau hilflos an.

Frau Schwegler blickte ihn auch an, und plötzlich war ein merkwürdiges Glitzern in ihren Augen.

»Jetzt machen wir unser eigenes Programm«, sagte sie, fiel über ihn her und würgte ihn so lange, bis sein Schrei in der Nacht erstarb.

Hier haben Sie nun das Gegenteil einer Geschichte wie »Zwei Büsche«, nämlich den plötzlichen und gewaltsamen Ausbruch aus einer Erstarrung, der sich an den Handlungsmustern orientiert, welche sich Frau Schwegler Abend für Abend in der Stube angeschaut hat.

Und wieder ist der Moment, der geschildert wird, nicht denkbar ohne eine Vorgeschichte, ohne eine lebenslange Vorgeschichte. Jeder Mord ist als kurze Geschichte darstellbar, denn jeder Mord steht am Ende einer langen Geschichte, sei es derjenigen zwischen Täter und Opfer, oder sei es nur derjenigen des Täters. Der Trick der kurzen Geschichte ist es, die lange Geschichte nicht zu erzählen, sondern sie auf diesen einen Moment zu verkürzen, den wir erst in unserer Vorstellung rückwärts verlängern.

Und hier noch der Versuch, ein ganzes Leben in einer kurzen Geschichte zu erzählen:

Die ungleichen Regenwürmer

Tief unter einem Sauerampferfeld lebten einmal zwei Regenwürmer und ernährten sich von Sauerampferwurzeln.

Eines Tages sagte der erste Regenwurm: »Wohlan, ich bin es satt, hier unten zu leben, ich will eine Reise machen und die Welt kennen lernen.« Er packte sein Köfferchen und bohrte sich nach oben, und als er sah, wie die Sonne schien und der Wind über das Sauerampferfeld strich, wurde es ihm leicht ums Herz, und er schlängelte sich fröhlich zwischen den Stengeln durch.

Doch er war kaum drei Fuß weit gekommen, da entdeckte ihn eine Amsel und fraß ihn auf.

Der zweite Regenwurm hingegen blieb immer in seinem Loch unter dem Boden, fraß jeden Tag seine Sauerampferwurzeln und blieb die längste Zeit am Leben.

Aber sagt mir selbst – ist das ein Leben?

Hier wird ein Leben auf eine einzige Seite verkürzt, und wenn wir uns dazu das Gegenteil vorstellen wollen, können wir vielleicht an den »Ulysses« von James Joyce denken, der einen einzigen Tag im Leben eines Menschen auf einen gigantischen Roman verlängert, oder anders ausgedrückt, vielleicht ist »Ulysses« die längste kurze Geschichte der Weltliteratur.

Da es um das Kurze geht, möchte ich nicht zu lang werden, und ich möchte mit drei kurzen Geschichten enden, die eigentlich nirgends hingehören, Gedankenflüchtlinge sind es, die zwischen den Begriffen umherirren, vielleicht finden Sie bei Ihnen Asyl.

Die erste heißt

Schläfer

Hinlegen möchte ich mich, sagte der erste Wanderer zum zweiten.

Ich auch, sagte der zweite zum dritten.

Oh ja, sagte der dritte zum vierten.

Ich wache über euch, sagte der vierte, als sich die drei hingelegt hatten.

Alle vier schliefen sogleich ein, da kniete sich der fünfte hin, um sich auch etwas auszuruhen, aber bald sank ihm der Kopf vornüber, und auch er verfiel in einen tiefen Schlummer.

Die Königstochter, die dazu ausersehen ist, sie zu wecken, ist noch nicht geboren.

Die zweite heißt

Das Befinden

»Wie geht's?« fragte die Trauer die Hoffnung.

»Ich bin etwas traurig«, sagte die Hoffnung.

»Hoffentlich«, sagte die Trauer.

und die letzte heißt

Der grosse Zwerg

Es war einmal ein Zwerg, der war 1,89m groß.

Tja, und bevor Sie das Literaturhaus verlassen, noch eine Warnung:

Wenn Sie jetzt auf die Straße gehen und an einem Mann vorbeikommen, der ein Weißbrot unter dem Arm trägt, passen Sie auf! Das ist eine Geschichte.

Poetik-Vorlesung für die Universität Zürich, Literaturhaus, 13. November 2003

Quellen:

»Begegnung« von Daniil Charms zit. aus: »111 einseitige Geschichten, hrsg. v. Franz Hohler, Luchterhand, Darmstadt, 1981 (»Izbrannoe«, Selected Works, jal-Verlag, Würzburg, 1974)
»Lernerfolg« aus: »Die blaue Amsel«, Luchterhand, München, 1995
»Eine kurze Geschichte« aus: »Der Mann auf der Insel«, Luchterhand, Hamburg, 1991
»Frühlingsanfang« aus: »Die blaue Amsel«
»Eine Liebesgeschichte« aus: »Der Mann auf der Insel«
»Zwei Büsche« aus: »Zur Mündung«, Luchterhand, München, 2000
»Das Blatt« aus: »Da, wo ich wohne«, Luchterhand, Hamburg, 1993 (heute in »Die Karawane am Boden des Milchkrugs«, Luchterhand, München, 2003)
»Das Wiedersehen« von Bertolt Brecht zit. aus: »111 einseitige Geschichten« (»Gesammelte Werke«, Suhrkamp Verlag, Frankfurt a. M., 1967)
»Der Wunsch« aus: »Die Karawane am Boden des Milchkrugs«
»Abschied für immer« aus: »Wegwerfgeschichten«, 11. Aufl., Zytglogge, Bern, 2003
»Lesebuchgeschichte« von Wolfgang Borchert zit. aus: »111 einseitige Geschichten« (»Das Gesamtwerk«, Rowohlt Verlag, Hamburg, 1949)

»Die Schöpfung« aus: »Der Mann auf der Insel« (heute in »Die Karawane am Boden des Milchkrugs«)
»Der Autostopper« aus: »Die blaue Amsel«
»Die Konferenz« aus: »Da, wo ich wohne« (heute in »Die Karawane am Boden des Milchkrugs«)
»Von einem eigensinnigen Kinde«, Grimms Märchen, zit. aus: »111 einseitige Geschichten«
»Zerstreutes Hinausschaun« von Franz Kafka aus: »Franz Kafka, Die Erzählungen«, S. Fischer, Frankfurt a. M., 1961
»Das verbotene Zimmer« aus: »Die blaue Amsel«
»Ektisch« aus: »Wegwerfgeschichten« (auch in »Das große Buch«, Hanser, München, 2009)
»Der Schrei in der Nacht« aus: »Wegwerfgeschichten«
»Die ungleichen Regenwürmer« aus: »Wegwerfgeschichten« (auch in »Das große Buch«)
»Schläfer« Manuskript
»Das Befinden« aus: »Die blaue Amsel«
»Der große Zwerg« aus: »Wegwerfgeschichten« (auch in »Das große Buch«)

Das Einfache

Ist Ihnen bekannt, meine Damen und Herren, dass Cabletron Systems zur Zeit den ersten Rang im Low-blocking High-performance Layer-3-Switching-Markt belegt? Nicht? Das habe ich befürchtet. Lassen Sie mich Ihnen deshalb kurz schildern, wie es dazu kam:

»Angetrieben durch die starke Nachfrage von Internet Service Providern, Content-Hosting- und Application-Hosting-Unternehmen gehört der Layer-3-Switching-Bereich zu den am schnellsten wachsenden Segmenten im gesamten Daten-Kommunikations-Markt. Und warum? Die Layer-3-Switching-Technologie liefert das Backbone für next-generation Internet-Lösungen und garantiert den aufkommenden Multi-Service-Netzwerken, mit denen sich die Konvergenz von Sprache, Daten und Video realisieren lässt, den entsprechenden Erfolg.«

Das ist, Sie ahnen es, der Originalton einer Informatik-Zeitschrift, und es wird hier von einer Domäne gesprochen, die immer entscheidender an der Gestaltung unseres Alltags mitwirkt, und zu deren Grundlagen, (oder zu deren Basics…) wir immer mehr den Kontakt verlieren.

Mit diesen Begriffen hämmert die heutige Welt auf uns ein, und je unerbittlicher sie das tut, desto mehr erstarkt in uns ein uraltes Bedürfnis, das Bedürfnis nach Einfachheit. Wir sehnen uns nach dem Einfachen, nach dem Übersichtlichen, denn eigentlich verstehen wir die Welt um uns herum nicht mehr.

In der übersichtlichen Welt, die uns längst entschwunden ist, konnte man mit dem Pferd zum Schmied gehen, wenn ihm das Hufeisen abgefallen war, wenn aber unser Bildschirm heute mit E-Mails überschwemmt wird, die behaupten, sie antworten auf eine von uns ausgesandte Nachricht, und sich auf Dinge beziehen, mit denen wir nichts, aber auch gar nichts zu tun haben, rufen wir eine Helpline an, werden von einer Tonbandstimme zu den verschiedensten Tastendrucken aufgefordert und enden schließlich in einer Warteschlaufe mit elend aufheiternder Musik, bis wir zuletzt einem freundlichen jungen Mann unser Problem so lange für 2 Franken pro Minute schildern können, bis wir merken, dass auch er nicht die geringste Ahnung hat, wie man es lösen könnte.

Dann hängen wir auf, und während sich auf dem Bildschirm unter unsern Augen immer mehr Fremdlinge versammeln, würden wir gern von irgendjemandem eine ganz, ganz einfache Geschichte hören, in der wir alles verstehen, ein Märchen vielleicht.

Es war eimal ein arm Kind und hat kei Vater und kei Mutter war Alles tot und war Niemand mehr auf der Welt. Alles tot, und es ist higangen und hat greint Tag und Nacht. Und weil auf der erd Niemand mehr war, wollt's in Himmel gehn, und der Mond guckt es so freundlich an und wie's endlich zum Mond kam, war's ein Stück faul Holz und da ist es zur Sonn gegangen und wie's zur Sonn kam, war's ein verreckt Sonneblum und wie's zu den Sterne kam, warens klei golde Mück, die waren angesteckt wie der Neuntöter sie auf die Schlehe steckt und wie's wieder auf die Erd wollt, war die Erd ein umgestürzter Hafen und war ganz allein und da hat sich's hingesetzt und geweint und da sitzt es noch und ist ganz allein.

Dieses Märchen erzählt die Großmutter den Kindern in Büchners Woyzeck, und es lässt an Einfachheit nichts zu wünschen übrig. Ein Kind ist allein auf der Welt zurückgeblieben und weiß sich nicht zu helfen.

Und bevor die Kinder im Stück fragen können, warum denn das Kind allein war und sonst alles tot, kommt Woyzeck und holt seine Marie ab, um sie umzubringen.

Es ist schon zu haben, das Einfache, man darf bloß nicht hoffen, es sei auch das Gute, Schöne und Wahre, oder das, was aufgeht. Wir wissen, oder wir vermuten, dass hinter jedem Märchen ein Weltbild steckt, aber nicht immer dasselbe, das, in dem das Goldene das Gute und das Pechschwarze das Böse ist. In der Urfassung des Froschkönigs wird der Frosch von der Prinzessin nicht geküsst, sondern vor Ekel und Entsetzen an die Wand geworfen, und das hat nicht etwa zur Folge, dass sie dafür eine entsetzliche Strafe erleiden muss, weil ihr Vater sie doch immer zur political correctness ermahnt hat, auch einem Frosch gegenüber, gerade einem Frosch gegenüber, sondern damit verwandelt sie ihn in einen Prinzen. Sie hat ihren Gefühlen freien Lauf gelassen, in einer Welt, die an ihrer Förmlichkeit und Höflichkeit erstickt, und das hat den Prinzen gerettet.

Hinter beiden Varianten sind einfache Botschaften zu erkennen:

Hinter Variante 1: Wenn es Anstand und Ehre verlangen, musst du auch einen Frosch küssen.

Hinter Variante 2: Niemand kann von dir verlangen, einen Frosch zu küssen.

Variante 1 ist näher am Tod für das Vaterland und all den andern moralischen Scheußlichkeiten, Variante 2 ist näher am Leben. Und ist sie nicht auch einfacher, erlösender?

Das Spiel mit dem Einfachen, welches das Märchen mit

uns spielt, hat mich immer angezogen, und ich habe im Laufe meiner Arbeit viele Märchen geschrieben, manche für Kinder, manche für Erwachsene, die meisten eigentlich für Kinder und Erwachsene, denn zwischen den beiden verläuft eine Art grüne Grenze. Das folgende Märchen ist allerdings eher für Erwachsene gedacht:

Die Befreiung

»Da bin ich!« rief der Prinz, als er mit seinem Schwert im Dornenhain auftauchte, »komm mit!«

»Wohin?« fragte die Prinzessin und richtete sich langsam von ihrem Lager aus Jutesäcken auf.

»In die Freiheit! Rasch!« sagte der Prinz, indem er sich mit dem Ärmel das Blut aus dem Gesicht wischte. »Ich habe mir, als ich den Drachen wegfliegen sah, einen Gang durch die Dornen gehauen. Komm mit, bevor er wieder da ist!«

»Wieso?« fragte die Prinzessin.

»Wie kannst du so etwas fragen?« sagte der Prinz. »Draußen ist die Freiheit, das Leben, die Freude. Du kannst wieder in einem richtigen Bett schlafen, dich waschen und kämmen und schön anziehen.« Und er blickte auf die Bettstelle der Prinzessin und auf ihr zerrissenes Kleid, unter dem überall die Haut zu sehen war, mit einem rötlichen Ausschlag, der über den ganzen Körper zu gehen schien.

»Ich liebe den Drachen«, sagte die Prinzessin.

Der Prinz war fassungslos. »Was? Dieses garstige, ruppige, schuppige Vieh?«

»Ja«, sagte die Prinzessin. »Er kann fliegen, und wir lieben uns immer in der Luft. Das Gefühl, wenn ich hoch oben schwebe, mich an ihn klammere und er mir sein feuriges Glied zwischen die Schenkel treibt, ist unbeschreiblich.«

»Es gibt doch noch anderes«, sagte der Prinz.

»Ja«, sagte die Prinzessin, »aber es ist alles nichts gegen dieses eine Gefühl.« Und sie sah ohne Mitleid zu, wie der Drache, der soeben zurückgekehrt war, den Prinzen zertrat.

»Komm«, sagte sie zum Drachen, »komm, wir wollen fliegen.«

Sie umarmte ihn, und zusammen erhoben sie sich in die Luft.

Gut, das ist vielleicht etwas unbefriedigend, aber es ist ein ganz einfaches Märchen. Der Prinz will die Prinzessin befreien, und sie will nicht.

Das Märchen aus den alten Zeiten sagt uns, dass es grundsätzlich weder richtig noch normal ist, wenn eine Prinzessin von einem Drachen oder einem Zauberer oder von welcher bösen Macht auch immer gefangen gehalten wird, und dass es einen anständigen Prinzen braucht, welcher die Prinzessin wieder befreit, denn sie ist selbst nicht dazu in der Lage; oft kommen die ersten, phantasielosen Kraftprotze bei diesem Versuch um, und erst der dritte ist schlau genug, den Drachen zu besiegen.

Das Märchen aus unserer Zeit, der Zeit also des Individualismus und des Hedonismus, der Alkohol-, Nikotin- und Drogenabhängigen, möchte hinzufügen, dass es auch Prinzessinnen gibt, welche die dunkle Macht, die sie gefangen hält, lieben und dass sie jeden Sozialfürsorgeprinz gnadenlos abblitzen, ja zertrampeln lassen, damit sie mit ihrem Drachen ungestört in die Luft entschweben können.

Wie kommt man als Schreibender zum Einfachen, vorausgesetzt, man möchte überhaupt dorthin?

Manchmal geht es nur darum, etwas festzuhalten, das man gesehen oder gedacht hat oder das einem erzählt wird.

Ich erzähle Ihnen zuerst ein Märchen und dann seine Entstehungsgeschichte.

Die Riesen im Parkhaus

Drei Riesen gingen einmal in ein Parkhaus.

»Ich gehe ins Parterre«, sagte der erste.

»Ich in den ersten Stock«, sagte der zweite.

»Ich in den zweiten«, sagte der dritte.

Dann nahm jeder eine schwere Eisenstange, ging in seinen Stock und zertrümmerte alle Autos, die dort abgestellt waren.

Nachher trafen sie sich am Ausgang, gingen zusammen fort und kamen nie wieder.

Dieses Märchen hat etwas Traumhaftes, etwas Alptraumhaftes, und das ist kein Zufall. Meine Frau erzählte mir einmal einen schlimmen Traum: Riesen seien in ein Parkhaus eingedrungen, in dem sie sich aufgehalten habe, und hätten alles kurz und klein geschlagen.

Da hab ich mich hingesetzt und habe für sie diese Geschichte geschrieben. Sie gibt die Stimmung des Traums wieder, aber sie macht sie etwas fassbarer, etwas konkreter, indem sie nicht einfach mit einer unbestimmten Anzahl Riesen daherkommt, mit einer unübersichtlichen Vandalenbande, sondern mit drei Riesen, die sich systematisch über drei Stockwerke verteilen.

Trotzdem: ein grässliches Märchen, Büchner lässt grüßen! Wo bleiben Sinn und Trost? Sinn gibt es keinen, das Bild selbst ist der Sinn, aber einen kleinen Trost gibt es, falls Sie nicht schon das Zertrümmern der Autos als tröstlich empfinden, angesichts der Katastrophe des Individualverkehrs, einen kleinen Trost gibt es am Schluss, nämlich sie gingen zusammen fort und kamen nie wieder.

Ich schicke sie weg, ich wollte nicht, dass sie meine Frau nächtlicherweile je wieder belästigten, ich wollte den Alptraum bannen. Aber damit man den Alptraum bannen kann, muss man ihn erzählen.

Aufschreiben, was man sieht, aufschreiben, was man hört, aufschreiben, was man erlebt. Wir erleben ja selten große, verschlungene und verwickelte Abenteuer, sondern einfache Geschichten. Manchmal sind sie so einfach, dass das Schwierigste ist, sie überhaupt als Geschichten zu erkennen, sich nachher zu sagen: »Das war doch eine Geschichte soeben.« Vielleicht ist der Autor der, welcher aus der Masse an flüchtigen Eindrücken, denen wir täglich ausgesetzt sind, einen packt und zu ihm sagt: »Ich hab dich erwischt. Du bist eine Geschichte.«

London

Richmond, Endstation der District-Line-U-Bahn. Ein Zug kommt an, ich steige ein und mit mir das Reinigungsteam, das sich über verschiedene Wagons verteilt. Eine stämmige, dunkle Frau ergreift mit einer Zange PET-Flaschen, Alu-Dosen, Metro-Zeitungen, McDonald's-Schachteln und Hot-Food-Tüten und steckt sie in den Abfallsack, den sie mit sich schleift. Hinter ihr her trippeln drei Tauben und besorgen die Feinreinigung, sie picken die kleinen Essensreste auf dem Fußbodenrost auf. Zwei von ihnen verlassen den Wagen mit der Frau, die dritte macht, kurz bevor sich die Türen schließen, rechtsumkehrt und nimmt sich nochmals sorgfältig alles vor, was sie beim ersten Durchgang übersehen hat.

Als der Zug anfährt, gerät sie nicht in Panik, sondern beendet ihre Picktour mit großer Ruhe, und als sich die Türen in Kew Gardens wieder öffnen, hüpft sie leichtfüßig auf den Bahnsteig hinaus und bleibt dort stehen.

Wahrscheinlich nimmt sie den nächsten Zug zurück.

Auf den Bahnhöfen, in den Zügen, Trams und Bussen werden ja täglich Geschichten inszeniert, für mich sind die öffentlichen Verkehrsmittel immer auch ein Stück Welttheater.

Die Nacht vom Kellner

Kürzlich, als ich auf dem Bahnhof von Bonn auf meinen Zug wartete, stürzte sich ein Kellner aus dem Bahnhofsrestaurant, schaute sich hastig nach allen Seiten um und rannte dann zwischen Reisenden, Koffern und Gepäckkulis durch, bis er eine Frau mit einem Rucksack eingeholt hatte, die ein Kind an der Hand führte. Der Kellner drückte dem Kind den Stoffseehund, den er bei sich trug, in den Arm und ging nachher wieder ins Restaurant hinein, langsamer, als er herausgekommen war.

Als ich am selben Abend im Radio die Meldungen über Finanzkrisen, Selbstmordattentate und Armee-Einsätze gegen Demonstrationen hörte, merkte ich plötzlich, wie sehr ich die Nachricht vom Kellner vermisste, der dem Kind seinen vergessenen Stoffseehund zurückgebracht hatte.

Das heißt nicht, dass man nicht auch im Auto Geschichten erleben kann. Die letzte Geschichte, die ich geschrieben habe, stammt vom letzten Freitag:

Das Ziel

»Zur Uni, bitte.«
»Uni-Spital?« fragte der Taxifahrer.
»Nein«, sagte ich aufatmend, »nur Uni.«

Gut, das ist sehr einfach. Aber neben dem Einfachen tut sich für einen Moment ein anderes Einfaches auf, an das der, der hier »Ich« sagt, nicht gedacht hat. Das Einfache führt, und das tut es oft, knapp an einem Abgrund vorbei. Ich fuhr übrigens, das wird Sie nicht erstaunen, zum Kolloquium über das Kurze.

Aufschreiben, was man erlebt, gehört, gesehen, und vielleicht auch gelesen hat.

Ich habe Ihnen das letztemal eine Liebesgeschichte erzählt, die ich in Kiew gehört hatte, nun möchte ich Ihnen eine Liebesgeschichte erzählen, die ich in einer Zeitung antraf. Da sie in meinem Buch »Der Mann auf der Insel« kurz hinter der Kiewer Geschichte steht, gab ich ihr den Titel

Noch eine Liebesgeschichte

Kürzlich wurden in den Ötztaler Alpen die Leichen eines Paares gefunden, das vor 25 Jahren nicht mehr von einer Bergtour zurückgekehrt war.

Die beiden sind damals in eine Gletscherspalte gefallen, und offenbar hörte niemand ihre Hilferufe. Wohl um sich möglichst lange gegen die Kälte und gegen die Verzweiflung zu wehren, umschlangen sie einander, bis sie starben, und so wurden sie nun wiedergefunden. Das Eis hatte sie derart gut erhalten, dass man ihre Gesichtszüge mühelos erkennen konnte, und auch ihre Pässe waren immer noch lesbar. 30 und 28 waren sie, als sie ums Leben kamen, und ihre Tochter war damals ein halbes Jahr alt und hat jetzt ihre Eltern zum erstenmal wirklich gesehen, zwei junge Leute, wenig älter als sie selbst. Kafka hießen sie und seien weitläufig mit Franz Kafka verwandt gewesen, lese ich am Schluss des Berichtes in der Boulevardzeitung, und es kommt mir nicht nur Johann Peter Hebels Erzählung »Unverhofftes Wiedersehen« in den Sinn, sondern auch, dass Kafka einmal gesagt hat, Franz Kafka also, dies sei die schönste Erzählung, die er überhaupt kenne.

Diese Geschichte, die ich in der Münchner Abendzeitung gelesen hatte, wollte ich nochmals erzählen, Ihnen zum Beispiel, weil ich den beiden Toten ein würdigeres Grab bereiten wollte als das in einer Boulevardzeitung.

Ich nehme an, Sie kennen Hebels »Unverhofftes Wiedersehen«, die Geschichte vom jungen Bergmann in Falun, der sich verlobt und dann bei einem Grubenunglück ums Leben kommt, und 50 Jahre später wird er ausgegraben, sein Leichnam ist unverwest und unverändert, und niemand weiß, wer er ist, bis seine damalige Verlobte grau und zusammengeschrumpft ihren Bräutigam erkennt.

Das ist stark verkürzt, die Geschichte ist viel reicher, aber ich kann sie Ihnen nicht vorlesen, weil mir am Schluss immer die Stimme versagt, was, wie ich höre, bereits Goethe passiert sein soll; Hebel hatte den Stoff ebenfalls gelesen, und er hatte wohl ein ähnliches Bedürfnis, nämlich ihn in einer Form zu erhalten, in der wir uns ruhig unter die Trauernden einreihen können, deren Gemüter, wie er schreibt, von Wehmut und Tränen ergriffen wurden.

Hebel war wohl der größte Meister des Einfachen, und wenn wir an ihm das Maß nehmen und nach Vergleichen suchen, merken wir auch, dass das Einfache offenbar zum Schwierigsten gehört, was es gibt.

Und zwar das Einfache, das uns anrührt, und das uns nur anrührt, weil es nicht banal ist. Und es rührt uns immer dann an, wenn es ein Stück Leben enthält. Eigentlich ist das »unverhoffte Wiedersehen« überhaupt nicht einfach, sondern außerordentlich vielschichtig und anspruchsvoll, denn es verschmelzen darin das Bild des Todes und das Bild der Liebe und das Bild der Zeit, und erstaunlicherweise verschmelzen sie zu einer einfachen Geschichte, die wir alle verstehen und die keiner Erklärung bedarf.

Das Einfache ist nicht das Simple, sondern es ist das Komplexe, das sich nichts anmerken lässt.

Durch Rückfrage bei meinen beschlagenen und blitzgescheiten Studienkolleginnen und -kollegen Margret Walter und Uli Däster habe ich übrigens erfahren, dass die Geschichte, als sie 1809 von Gotthilf Heinrich Schubert in der Zeitschrift »Jason« publiziert wurde, verbunden war mit einem Aufruf zur dichterischen, möglichst balladesken Behandlung des Stoffes in der Nachfolge von Bürger und Schiller und dass sie damals bereits eine alte Geschichte war, die in einem dänischen Almanach von 1720 und in der Folge in einem schwedischen wissenschaftlichen Jahrbuch von 1722 erstmals erzählt worden war. Dort wurde das Jahr des Grubenunglücks mit 1670 angegeben, und die alte Braut wird darin keineswegs als liebend, sondern als geldgierig geschildert, indem eine wissenschaftliche Fakultät ihr den Leichnam zu Forschungszwecken abkaufen musste, was ihr nach langem Feilschen auch gelang. Hebel wollte aber offensichtlich keine Geschichte mit hässlichen Zügen schreiben, sondern eine schöne Geschichte und ordnete den Stoff ohne Hemmungen diesem Ziel unter. Ob er im strengen Sinn überhaupt wahr ist, sei dahingestellt, für mich trägt er durchaus die Züge einer »urban legend«, und auch die Legende, die alte und die neue, ist ja meistens eine einfache Geschichte.

Das Einfache – natürlich gibt es die verschiedensten Wege zu ihm, und sie führen nicht nur über das Aufschreiben dessen, was wir gesehen, gehört, gelesen oder erlebt haben, sie führen ebenso über das Aufschreiben dessen, was wir uns vorstellen und ausdenken, über unsere Phantasie.

Ich habe während einer gewissen Zeit mit Jürg Schubiger zusammen Hin- und Hergeschichten geschrieben. Das ging so, dass einer eine Geschichte schrieb und sie dem andern schickte, der andere nahm ein Motiv aus der Geschichte auf, machte daraus eine neue Geschichte und schickte diese wieder zurück usw.

Von Jürg Schubiger kam während dieser Kettenreaktion einmal unter dem Titel »Die Anfrage« eine Geschichte mit einem sehr einfachen Grundgedanken: Die Kirchgemeinde St. Ursula in Schwamendingen fragt den Schlagerstar Julio Iglesias, ob er anlässlich eines Jubiläums bei ihnen auftreten würde, da er ohnehin einen Auftritt im benachbarten Hallenstadion habe, und die Antwort von Julio Iglesias ist: Nein.

Die Absage, so endet Schubigers Geschichte, »die Absage, kurz und englisch, unterzeichnet von einem gewissen C. W. Archeson, traf so spät ein, dass man die Veranstaltung nicht mehr absagen konnte. In die Lücke, die sich sofort als viel zu groß erwies, sprang mutig eine Gruppe junger Schwamendinger Spiritual-Sänger«.

Ich habe mir daraufhin überlegt, ob ich als Antwort darauf die Geschichte einer Zusage schreiben könnte. Hier ist sie.

Der Knecht

Als es an einem schönen Sommerabend bei Melchior Zinsli, einem Bergbauern im Safiental, nach dem Eindunkeln noch an die Türe pochte, war er überrascht. Sein Heimwesen war sehr abgelegen, und es war selten, dass um diese Zeit jemand anklopfte. Seine Überraschung legte sich aber wieder, als er sah, wer vor der Türe stand: Es war der Papst.

»Willkommen«, sagte Zinsli, »tretet ein. Ihr kommt gerade zur rechten Zeit.«

»Ja«, sagte der Papst in gutem Hochdeutsch, »als ich gestern den Wetterbericht hörte, dachte ich, jetzt oder nie.«

»Seid Ihr allein?« fragte Zinsli.

»Ja«, sagte der Papst, »es war nicht ganz einfach, aber ich habe einen Freund in der Schweizergarde, der hat mir geholfen.«

Er zog sein weißes Käppchen ab und legte es erleichtert auf den Stubentisch.

Melchior Zinsli hatte keine weiteren Fragen, sondern hieß den Papst sich setzen und stellte ihm sogleich einen starken Milchkaffee mit Brot und Alpkäse auf. Der Papst sprach allem kräftig zu und wollte dann bald zu Bett gehen. Er freute sich, als ihm Melchior Zinsli die Knechtekammer zeigte mit dem schweren Bett und der großen gewürfelten Bettdecke. Da der Papst ohne Gepäck gekommen war, bot ihm Zinsli auch ein altes, aber sauberes Nachthemd von sich an und für den morgigen Tag ein Paar Drilchhosen und ein Militärhemd.

»Wann stehen wir auf?« fragte der Papst noch, bevor er zu Bett ging.

»Ich muss um fünf Uhr zu den Kühen, aber für Euch langt es, wenn ich Euch um halb sieben wecke.«

»Herrlich«, sagte der Papst und strich mit der rechten Hand über die Bettdecke, »eine Stunde später als im Vatikan.«

Am andern Morgen war er richtig ausgeschlafen, als Melchior Zinsli die Tür einen Spalt öffnete und der Kaffeeduft in sein Zimmer strömte. Die ersten Sonnenstrahlen fielen gerade durchs Fenster, und es versprach ein wunderbarer Tag zu werden. Melchior Zinsli hatte im Sinn zu heuen, deshalb hatte er dem Papst auch einen Brief geschrieben. Er hatte im »Der Landwirt«, einer Zeitschrift für die Bauern, gelesen, dass er, der Papst, sich in einer Ansprache an eine Bauerndelegation der Europäischen Gemeinschaft als Knecht der Menschen bezeichnet hatte, und da hatte er sich hingesetzt und ihm geschrieben, dass er seine Bergbauernwirtschaft alleine betreiben müsse und dringend einen Knecht brauchen könne, vor allem zur Zeit des Heuens, und ob er ihm nicht zwei, drei Tage helfen kommen könne. Dazu hatte er ihm auf einem Plänchen eingezeichnet, wie man sein Haus fand.

Und so schritt nun der Papst den ganzen Tag hinter Melchior Zinsli und seinem »Rapid« her und verzettelte das Gras, und am nächsten Tag machten sie mit den Rechen prächtige Häuflein, und am dritten Tag luden sie die Häuflein auf den Brückenwagen und gabelten alles ins Ansauggebläse der Scheune, und dazwischen aßen sie Roggenbrot und Bündnerfleisch und tranken Birnenmost und sprachen über Gott und die Welt, Zinsli mehr über Gott und der Papst mehr über die Welt, und als die drei Tage um waren, wunderten sich die Bauern an den Nachbarhängen, woher sich der Melchior, der nicht als der Schnellste galt, plötzlich einen Knecht geholt hatte, und einen tüchtigen dazu.

Der Papst aber hatte Bäcklein wie Berner Rosen, er hatte in dieser Zeit keine einzige Messe gelesen, geschweige denn sein

Brevier, aber er habe, sagte er Melchior Zinsli zum Abschied, schon lange nicht mehr das Gefühl gehabt, etwas so Vernünftiges zu tun wie in den drei Tagen, und er solle ihm schreiben, wenn er wieder Hilfe brauche, nächstes Jahr würde er gerne selbst mit dem »Rapid« die Hänge abmähen, er knattere so schön.

Dann stieg er in den Helikopter der Rettungsflugwacht, mit dem ihn der Schweizergardist wieder abholte, und während er winkend himmelwärts entschwebte und bald als winziger Punkt zwischen dem Piz Beverin und dem Bruschghorn verschwand, ging Melchior Zinsli nachdenklich in sein Bauernhaus und schrieb noch am selben Abend einen Brief an eine Heiratsvermittlung, denn obwohl er nicht daran gezweifelt hatte, dass der Heilige Vater seine Einladung annehmen würde, war ihm doch klar, dass auf diese Art von Hilfe auf die Dauer kein Verlass war, und ein zweitesmal würde er den Papst ohnehin nicht mehr einladen, denn an den »Rapid« gehört nun einmal der Meister und nicht der Knecht.

Was nicht in der Geschichte steht, ist, dass der Papst nur deshalb zu Melchior Zinsli gegangen war, um die Scharte von Julio Iglesias' Absage in Schwamendingen wieder auszuwetzen, oder anders gesagt, ohne Jürg Schubigers Geschichte wäre meine kaum entstanden.

Ein fröhlicher Katholik war übrigens davon so angetan, dass er sie dem Papst geschickt hat, und er bekam die Antwort eines Kurialassessors, der ihm mitteilte, dass sich seine Heiligkeit für die Geschichte bedanke. Ob er sie allerdings gelesen hat, ist zu bezweifeln, mindestens habe ich nie gehört, dass er seither einmal bei einem Bergbauern aufgetaucht wäre.

Was animiert zu einfachen Geschichten?

Ich erzähle Ihnen nochmals eine Geschichte und dann deren Entstehungsgeschichte.

Der Verkäufer und der Elch

Kennt ihr das Sprichwort »Dem Elch eine Gasmaske verkaufen«? Das sagt man in Schweden von jemandem, der sehr tüchtig ist, und ich möchte jetzt erzählen, wie es zu diesem Sprichwort gekommen ist.

Es gab einmal einen Verkäufer, der war dafür berühmt, dass er allen alles verkaufen konnte. Er hatte schon einem Zahnarzt eine Zahnbürste verkauft, einem Bäcker ein Brot und einem Obstbauern eine Kiste Äpfel.

»Ein wirklich guter Verkäufer bist du aber erst«, sagten seine Freunde zu ihm, »wenn du einem Elch eine Gasmaske verkaufst.«

Da ging der Verkäufer so weit nach Norden, bis er in einen Wald kam, in dem nur Elche wohnten.

»Guten Tag«, sagte er zum ersten Elch, den er traf, »Sie brauchen bestimmt eine Gasmaske.«

»Wozu?« fragte der Elch, »die Luft ist gut hier.«

»Alle haben heutzutage eine Gasmaske«, sagte der Verkäufer.

»Es tut mir leid«, sagte der Elch, »aber ich brauche keine.«

»Warten Sie nur«, sagte der Verkäufer, »Sie brauchen schon noch eine.«

Und wenig später begann er mitten in dem Wald, in dem nur Elche wohnten, eine Fabrik zu bauen.

»Bist du wahnsinnig?« fragten seine Freunde.

»Nein«, sagte er, »ich will nur dem Elch eine Gasmaske verkaufen.«

Als die Fabrik fertig war, stiegen so viel giftige Abgase aus dem Schornstein, dass der Elch bald zum Verkäufer kam und zu ihm sagte: »Jetzt brauche ich eine Gasmaske.«

»Das habe ich gedacht«, sagte der Verkäufer und verkaufte ihm sofort eine. »Qualitätsware!« sagte er lustig.

»Die andern Elche«, sagte der Elch, »brauchen jetzt auch Gasmasken. Hast du noch mehr?« (Elche kennen die Höflichkeitsform mit »Sie« nicht.)

»Da habt ihr Glück«, sagte der Verkäufer, »ich habe noch Tausende.«

»Übrigens«, sagte der Elch, »was machst du in deiner Fabrik?«

»Gasmasken«, sagte der Verkäufer.

P.S.: Ich weiß doch nicht genau, ob es ein schwedisches oder ein schweizerisches Sprichwort ist, aber die beiden Länder werden ja oft verwechselt.

Diese Geschichte habe ich auf eine Anfrage des schwedischen Rundfunks geschrieben, welcher deutschsprachige Autoren bat, für ihre Deutschkurse möglichst einfache Texte zu schreiben.

Zur Verdeutlichung dessen, was er unter »einfach« verstand, legte der Herausgeber eine Liste derjenigen Wörter bei, welche er aufgrund der bisherigen Kurse bei den Hörern als bekannt voraussetzte.

Ich schaute mir das Vokabular an und beschloss dann, eine Geschichte zu schreiben, in welcher ausschließlich Wörter aus dieser Liste vorkamen. Darunter waren Elch und Verkäufer, Fabrik, Schornstein, aber auch, im stets problembewussten Schweden, Wörter wie giftig, Abgase und Gasmaske, und so entstand diese kleine Parabel. Ich nannte sie im Untertitel »eine Geschichte mit 128 deutschen Wörtern«, sie erschien 1976 in der schwedischen Anthologie »Kontakt mit der Zeit« und hat von dort einen Rundgang durch Deutschlehrmittel und Schulbücher angetreten wie kaum eine andere meiner Geschichten, sie dürfte diejenige sein, die am häufigsten nachgedruckt wurde, und wenn ich seither vom Goethe-Institut zu Tagungen von Deutschlehrerinnen und Deutschlehrern auf der ganzen Welt eingeladen werde, von Schweden über Rumänien bis nach Australien und Kanada, trottet immer treu und keuchend der Elch mit seiner Gasmaske hinter mir her.

Die Anregung zur Einfachheit kam in diesem Fall durch die Einschränkung. Die vorhandenen Wörter haben ein Stück weit selbständig gearbeitet. Ich weiß nicht, ob ich auf diese Geschichte gekommen wäre, wenn man mich gebeten hätte, eine Fabel über die Zusammenhänge von Ökonomie und Ökologie zu schreiben.

Die Fabel gehört übrigens mit dem Märchen zu den alten einfachen Formen der Literatur. Sie kleidet eine Erkenntnis oder eine Lebensregel in eine Handlung oder in einen Dialog.

Ich erzähle Ihnen aus meinen »Wegwerfgeschichten«

Die Fabel vom Vater,

der seinem nasenbohrenden Sohn lange Zeit ohne Erfolg kleine Rügen erteilte, bis er schließlich mit einer Ohrfeige erreichte, dass der Sohn nicht mehr in der Nase bohrte.

Diese Fabel geht folgendermaßen:

Ein Vater, der seinem nasenbohrenden Sohn lange Zeit ohne Erfolg kleine Rügen erteilte, erreichte schließlich mit *einer* Ohrfeige, dass der Sohn nicht mehr in der Nase bohrte.

Und die Moral:

Ein Vater, der seinem nasenbohrenden Sohn lange Zeit ohne Erfolg kleine Rügen erteilt, erreicht schließlich mit *einer* Ohrfeige, dass der Sohn nicht mehr in der Nase bohrt.

Einfacher kann ich es nicht mehr ausdrücken, aber vielleicht hätten Sie gern eine richtige Fabel gehört, damit Sie etwas lernen. Also gut:

Der Pressluftbohrer und das Ei

Ein Pressluftbohrer und ein Ei stritten sich einmal, wer von ihnen der stärkere sei.

»Natürlich ich!« renommierte der Pressluftbohrer.

»Ha«, krächzte das Ei, »ich bin viel stärker!«

Der Pressluftbohrer zuckte überlegen die Achseln:

»Wie du meinst. Ich bohre dich in tausend Stücke.«

»Und ich schlage dir den Schädel ein!« quietschte das Ei.

»Ei, du dummes Ding«, sagte der Pressluftbohrer und schüttelte den Kopf, »wie soll das zugehen?«

»Wirst schon sehen«, prahlte das Ei und warf sich in die Brust.

»Ich brauche nur den kleinen Finger zu rühren«, lachte der Pressluftbohrer.

»Ich mache dich mit meinem Dotter zu Brei!« krähte das Ei und trat kampflustig von einem Bein aufs andere.

Da ward es dem Pressluftbohrer zu dumm, und er bohrte, wie er schon zu Beginn betont hatte, das Ei in tausend Stücke.

Tja… Ist etwas nicht in Ordnung? Haben Sie gemeint, das Ei gewinne? So naiv! Dabei ist das Nichterfüllen von Erwartungen etwas vom Einfachsten, was es gibt. Aber wenn Sie erwartet haben, dass der Schwächere gewinnt, dann sind Sie der Spur einer andern Fabel gefolgt, oder einer Legende, und ich gebe zu, dass ich diese Spur im Text auch gelegt habe. Die biblische Legende von David und Goliath spricht die uralte Hoffnung aus, dass der Schwächere gegen den Stärkeren gewinnen kann, und gerade im Kleinstaat Schweiz sind wir nicht unempfindlich für diese Hoffnung, die alte Schweizergeschichte kann dieses Muster nicht oft genug wiederholen, von Wilhelm Tell über Morgarten bis zu Winkelried und St. Jakob an der Birs, immer war der Gegner eigentlich stärker, und immer hat es entweder Schlauheit oder unbändiger Wille geschafft, froh noch im Todesstreich dem Feind zu trotzen. Umso größer dann der Schock und die Verlegenheit, als Napoleon nicht nur ziemlich mühelos die Schweiz eroberte, sondern ihr auch noch gleich eine zeitgemäße und zukunftsgerichtete Staatsform verpasste.

Das hätten wir eigentlich lieber selber zustande gebracht.

An dieser Stelle ist vielleicht auch eine Warnung vor dem Einfachen angebracht. Wir alle sind eigentlich durch die Probleme der Gegenwart überfordert. So wie kaum jemand versteht, wieso die Layer-3-Switching-Technologie das backbone für next-generation Internet-Lösungen liefert, so versteht auch kaum jemand, was das Schengen-Abkommen wirklich beinhaltet und was es für unser Land bedeutet; und wenn dann jemand sagt, dieses Abkommen mache uns bloß abhängig und es sei deshalb abzulehnen, dann ist die Gefahr da, dass wir zu dieser klaren Aussage erleichtert nicken, denn natürlich hätten wir gern einfache Lösungen. Die 26 % der Menschen, die im Oktober unsere volksnahe Partei gewählt haben, glauben an einfache Lösungen. Am letzten Freitag brachte die NZZ ein synoptisches Interview mit den 6 Bundesratskandidaten, und es stach sofort ins Auge, dass Chris-toph Blocher* die kürzesten und somit auch die einfachsten Antworten gab. Nun ist aber das Einfache nicht gleichbedeutend mit dem Wahren. Oft ist es bloß eine Vereinfachung. Das Migrationsproblem ist mit Slogans wie »Die Schweiz den Schweizern« weder adäquat ausgedrückt noch lösbar, und der Vorwurf, die »Linken und Netten« seien allein an den steigenden Krankenkassenprämien und den Haushaltdefiziten schuld, ist zu einfach, um wahr zu sein. Die Partei-Propagandisten sind übrigens, wie man kürzlich in einem Interview der WoZ mit Herrn Blocher lesen konnte, auf die Diffamierung der Linken als »die Netten« durch mein Lied »Es sind alle so nett« gekommen.

Mit diesem Lied versuchte ich so etwas wie eine gesamtschweizerische Harmoniesucht zu portraitieren, die uns allen mehr oder weniger eigen ist, und eigentlich war es auch ein Portrait des Adjektivs »nett«.

Im Slogan »Die Linken und die Netten« jedoch fällt das Ironische und Atmosphärische des Liedes weg: es denunziert nur noch die andern, und man kann mit dem Finger auf sie zeigen und sagen, sie sind schuld.

So geht der Mechanismus der Vereinfachung.

* Christoph Blocher, Politiker der rechtsbürgerlichen »Schweizerischen Volkspartei« (SVP). Im Anschluss an den Erfolg der SVP bei den Parlamentswahlen im Dezember 2003 zum Bundesrat gewählt. Nach Ablauf der vierjährigen Amtszeit vom Parlament 2007 wieder abgewählt – etwas, das in der Geschichte des Schweizerischen Bundesstaates zuvor nur dreimal vorkam.

Aber zurück zum Schreiben:

Mir hat das Lesen der Schriften von Sigmund Freud immer viel mehr Spaß gemacht, als mich durch die komplizierten Windungen und Wendungen von C. G. Jung durchzukämpfen. Ich war zunächst überzeugt, dass Freud unabhängig von dem, was er schrieb, bei weitem der bessere Autor war als Jung. Dann wurde mir aber klar, dass Freuds Thesen und Theorien bedeutend einfacher waren als diejenigen von Jung und dass Jung Phänomene zu beschreiben versucht, die eben nicht einfach sind, dass also seine Sprache durchaus der Schwierigkeit der Erkenntnis auf diesem Gebiet angemessen ist und dass es sogar unredlich wäre, würde er sich mit der Einfachheit eines Freud ausdrücken.

Das lässt sich wohl durchaus auch für die Literatur so sagen.

Natürlich ist »Der Mond ist aufgegangen« von Matthias Claudius ein wunderbares und einfaches Gedicht, oder Eichendorffs Mondnacht »Es war, als hätt der Himmel die Erde still geküsst«, aber es ist nicht so, dass Einfachheit an und für sich ein Qualitätskriterium wäre. Sie ist es erst dann, wenn sie gelungen ist.

Ingeborg Bachmanns Gedichte sind nicht einfach, aber bildstark, deshalb erreichen sie uns.

Sprachs,
und die Kröte sprang
auf den Tisch,
Blies das Streichholz aus,
und der Blitz
fuhr unter den Tisch,
hob das Glas,

und der Tropfen
ging über ins Meer

Wenn Georg Trakl schreibt

Schlaf und Tod, die düstern Adler
Umrauschen nachtlang dieses Haupt:
Des Menschen goldnes Bildnis
Verschlänge die eisige Woge
Der Ewigkeit

dann ist das keine einfache Sprache, aber eine eindringliche.

Ein Satz von Kleist aus der »Hermannsschlacht« über die Sinnlosigkeit der Machtkämpfe, der mich immer beeindruckt hat:

Hättet ihr halb nur so viel, als jetzo, einander zu stürzen,
Euch zu erhalten getan: glücklich noch wärt ihr und frei.

wirkt nicht durch Einfachheit, sondern durch seinen geradezu lateinischen Sprachbau, aus dem durchschimmert, dass es offenbar unendlich schwierig ist, das Einfache und Richtige zu tun. Robert Walser ist höchstens in seinen Gedichten zuweilen einfach, in seiner Prosa aber höchst vertrackt, und es ist genau diese Vertracktheit, die den sprachlichen Genuss ausmacht.

Auch die Geisteswissenschaften haben es nicht einfach angesichts der Komplexität der heutigen Verhältnisse. Oder was halten Sie von einem Satz wie

»Weil die Idee, dass eine Gesellschaft demokratisch auf sich einwirken kann, bisher nur im nationalen Rahmen glaubwürdig implementiert worden ist, ruft die postnationale Konstellation jenen gebremsten Alarmismus aufgeklärter Ratlosigkeit hervor, den wir in unseren politischen

Arenen beobachten.« Er ist von Jürgen Habermas, und Sie spüren mein Fragezeichen. Vielleicht muss man sich einen so brillanten Ausdruck wie »jenen gebremsten Alarmismus aufgeklärter Ratlosigkeit« einfach auf der Zunge zergehen lassen, um zu prüfen, ob er verdaulich ist.

Auch ein Philosoph wie Martin Heidegger konnte das, was er zu sagen hatte, nur so sagen, wie er es gesagt hat, sonst wäre es nicht mehr das, was er zu sagen hat.

Oder könnte man es doch anders sagen, z. B. auf Schweizerdeutsch? Ein kleiner Ausschnitt aus »Sein und Zeit«, »Sii und Zit«:

Sträng gnoh bedütet Sinn s Worufhi vom primäre Entwurf vom Verstoh vo Sii. S sich sälber erschlossene I-der-Wält-sii verstoht mit em Sii vom Siiende, won äs sälber isch, glychursprünglech s Sii vom innerwältlech entdeckte Siiende, wennglych unthematisch und sogar no undifferenziert i sine primäre Modi vo der Existänz und Realität. Alli ontischi Erfahrig vo Siiendem, s umsichtige Berächne vom Zuhandene sowohl wie s positiv wüsseschaftleche Erkenne vom Vorhandene, gründe i jewils meh oder minder duursichtige Entwürf vom Sii vom entsprächende Siiende. Die Entwürf aber bärge i sich es Worufhi, us däm sech glychsam s Verstoh vo Sii nährt.

We mir säge: Siiends »het Sinn«, denn bedütet das, es isch i sym Sii zuegänglech worde, wo zallererst, uf sis Worufhi entworfe, »eigentlech« »Sinn het«. S Siiende »het« nur Sinn, will's, als Sii im Vorine erschlosse, im Entwurf vom Sii, das heißt us sim Worufhi verständlech wird. Der primär Entwurf vom Verstoh vo Sii »git« der Sinn. D Frog nach em Sinn vom Sii vomene Siiende macht s Worufhi vom allem *Sii* vo Siiendem zgrundliggende Siinsverstoh zum Thema.

Und nun bin ich doch wieder zum Anwalt des Einfachen geworden.

Das Einfache soll sich durchaus das Recht herausnehmen, dem Komplizierten auf die Finger zu klopfen und es zu fragen: Bist du wirklich so kompliziert, oder tust du nur so? Machst du dich wichtig?

Dass Heidegger mit seinen Sprachblasen anfällig war für den Nationalsozialismus, ist für mich kein Zufall, sondern hat ziemlich direkt mit diesen Sprachblasen zu tun.

Und dass ich den Dialekt als Endprüfer für mögliche Hohlräume einsetze, ist auch kein Zufall. Der Dialekt ist oft ein kleines Stück näher beim Leben als die Hochsprache.

Ich lese Ihnen aus meinem Gedichtband »Vierzig vorbei« ein Gedicht vor, es trägt den Titel

Herbschtgedicht

Dusse goht der Wind
e Flöige putzt der Grind
de Spatze glänze d Schnäbel
e Chue seicht dure Näbel
me gseht si eignig Schnuuf
s Benzin schloht wider uf

Als ich vor ein paar Jahren eine japanische Anthologie mit schweizerischer Lyrik erhielt, war zu meinem Erstaunen und zu meiner Rührung von mir auch ein Gedicht enthalten, und zwar dieses.

Allerdings in japanischer Übersetzung. Gut, dachte ich, das dürfte einfach genug sein, vielleicht erinnert es auch ein bisschen an die Form des Haikus, aber wenn man diese Schriftzeichen anschaut, von oben nach unten laufend, tropfend fast, ist man nicht ganz sicher, ob man dies wirklich geschrieben hat, und so fragte ich die Frau eines Freundes, die Japanerin ist, ob sie mir dieses Gedicht ins Deutsche zurückübersetzen könne, und offenbar war das doch nicht so einfach, sie zog sich mit einem Dictionnaire zurück und kam dann mit folgendem Gedicht wieder:

Kelches Neigung

Wind streift nasse Dächer
uneingedenk des Mückentanzes
Blasser Zeisig dösend im nackten Kirschbaum
Die Entleerung der Kuh
die Wolke des Atems
wirbeln schwarze Säfte ins Grenzenlose

Vielleicht war dem Übersetzer das Original doch ein bisschen zu einfach.

Vielleicht war es auch eine kleine Rache für die Freiheit, mit welcher ich Songs von Bob Dylan, Frank Zappa und den Beatles ins Schweizerdeutsche übersetzt hatte.

Bei den Liedern stellt sich ja die Frage nach der Einfachheit auch, und da sogar mit besonderer Tücke, denn am Ende der nach unten offenen Einfachheitsskala droht der Schlager. Der kann alles mögliche sein, von fetzig bis sentimental, aber eines ist er immer: einfach, denn sonst wäre er nicht eingängig. Blau, blau, blau blüht der Enzian, ich fange nie mehr was an einem Sonntag an, jede bruucht si Insel, ein Schiff wird kommen sind seine Botschaften.

Wie kann ich mein Schiff in die Gewässer der Verständlichkeit manövrieren, ohne im Seichten aufzulaufen?

Ich singe Ihnen eines meiner Lieder vor, das ich auch sonst immer a cappella vortrage.

s Lied vom Chäs

Wär kennt das Land
wo alles us Chäs isch
alles zämen us Chäs?

D Hüser si us Chäs
d Strosse si us Chäs
d Böim si us Chäs
und d Blueme si us Chäs
d Tram si us Chäs
d Auto si us Chäs
d Chile si us Chäs
und d Glogge si us Chäs
alles isch us Chäs us Chäs us Chäs

Und d Mönsche träge Mäntel us Chäs
hei Brüllen a us Chäs
und läse dermit
ihri Büecher us Chäs
voll Wörter us Chäs
über Sachen us Chäs
luege Film a us Chäs
i Kino us Chäs
löse Bileet us Chäs
für ne Stadt us Chäs
us Chäs us Chäs us Chäs

Das giengt jo no
aber d Luft isch us Chäs
und s Wasser isch au us Chäs
d Wolke si us Chäs
d Sunnen isch us Chäs
der Mond isch us Chäs
und d Stärne si us Chäs
d Öpfel si us Chäs
d Bire si us Chäs
d Milch isch us Chäs
und s Brot isch us Chäs
alles isch us Chäs us Chäs us Chäs

Und s Schlimmsten isch das
au d Lüt si us Chäs
und gäbe sech Küss us Chäs
hei es Härz us Chäs
und e Zungen us Chäs
hei e Sproch us Chäs
und Gedanken us Chäs
hei Gebätt us Chäs
zumene Gott us Chäs
hei Tröim us Chäs
wo si tröime wies wär
imene Land *ohni* Chäs

aber au die Tröim
si us Chäs

Ein einfaches Bild: So wie die Ekter in meiner Geschichte vom letzten Mal gefangen waren in ihrer Sprache, die für die gesamte Erkenntnis und Kommunikation nur zwei Wörter hatte, so sind die Menschen im Land us Chäs gefangen im einen Urbegriff, aus dem es kein Entrinnen gibt.

Oder ist die Einfachheit eine Falle? An der Weltausstellung in Hannover im Jahr 2000 wurde die letzte Strophe davon auf eine Wand des Schweizer Pavillons projiziert, was einen Aufruf zu einer Protestbriefaktion an unsere Expo-Verantwortliche zur Folge hatte. Der Text wird darin als geistlos und zynisch bezeichnet, und »kommentarlos im Pavillon unserer Nation präsentiert, erscheint er als Beleidigung jedes Schweizers und bei Nichtschweizern ruft er mitleidiges Kopfschütteln hervor. Die Schweiz steht mit ihrer christlichen Tradition und Vision für andere Werte und Ziele ein als ›Chäs‹.«

Diesmal hatte ich es nicht mit einem fröhlichen Katholiken zu tun, sondern mit einem grimmigen Protestanten.

Es kommt übrigens durchaus vor, dass Lieder, die mehr sind als Schlager, eine Verbreitung finden, welche dem Schlager in nichts nachsteht.

Der Text zum Welthit »Guantanamera« zum Beispiel ist ein Gedicht des kubanischen Nationaldichters José Martí aus dem 19. Jahrhundert.

Mani Matters Lieder, die 30 Jahre nach seinem Tod in den Köpfen von Kindern, Denkern und Nichtdenkern weiterleben, sind ein weiteres Zeugnis dafür, dass er mit seinen einfachen Motiven, einer Kuh am Waldrand, einem Sandwich, einer Bahnhofsschilderung, immer etwas getroffen hat, in dem sich ein Stück Leben konzentriert, das über die vordergründige Einfachheit hinausgeht.

Ob ich kompliziert genug gesprochen habe über das Einfache?

Lassen Sie mich mit dem Komiker Karl Valentin abschließen, der eine Szene lang in der Apotheke nach dem Namen eines Medikaments ringt, bis ihm der Apotheker Liesl Karlstadt vorschlägt:

Da nehmen Sie am besten vielleicht: Isopropilprophemilbarbitursauresphenildimethildimenthylaminophirazolon.

VALENTIN: Was sagns?

KARLSTADT: Isopropilprophemilbarbitursauresphenildimethildimenthylaminophirazolon.

VALENTIN: Wie heißt des?

KARLSTADT: Isopropilprophemilbarbitursauresphenildimethildimenthylaminophirazolon.

VALENTIN: Jaaa! Des is! So einfach, und man kann sichs doch nicht merken!

Poetik-Vorlesung für die Universität Zürich, Literaturhaus, 20. November 2003

Quellen:

»Märchen« von Georg Büchner, aus: »112 einseitige Geschichten«, Luchterhand, München, 2007 (die hessische Fassung hab ich mir mal aus einem Programmheft rausgeschrieben, in den »Dramen«, des S. Fischer Verlags ist es in der geschönten hochdeutschen Version wiedergegeben)

»Die Befreiung« aus: »Ein eigenartiger Tag«, Luchterhand, Darmstadt, 1978 (heute in »Die Karawane am Boden des Milchkrugs«, Luchterhand, München 2003)

»Die Riesen im Parkhaus« aus: »Ein eigenartiger Tag« (heute in »Die Karawane am Boden des Milchkrugs«)

»London« aus »Das Ende eines ganz normalen Tages«, Luchterhand, München, 2008

»Die Nacht vom Keller« aus: »Drachenjagen«, Luchterhand, München, 1996 (unter dem Titel »Zum Kulturbegriff, heute« in »Das Ende eines ganz normalen Tages«)

»Das Ziel« aus: »Das Ende eines ganz normalen Tages«

»Noch eine Liebesgeschichte« aus: »Der Mann auf der Insel«, Luchterhand, Hamburg, 1991

»Der Knecht« aus: »Franz Hohler und Jürg Schubiger, Hin- und Hergeschichten«, Nagel & Kimche, 1986 (heute in »Die Karawane am Boden des Milchkrugs«)

»Der Verkäufer und der Elch« aus: »Ein eigenartiger Tag« (heute in »Die Karawane am Boden des Milchkrugs«)

»Die Fabel vom Vater...« aus: »Wegwerfgeschichten«, Zytglogge, Gümligen, 1974

»Der Pressluftbohrer und das Ei« aus: »Wegwerfgeschichten« (auch in »Das große Buch«, Hanser, München, 2009)

Martin Heidegger »Sein und Zeit« (S.324 der Ausgabe Max Niemeyer, Tübingen, 1957), Schweizerdeutsche Übersetzung F. H.

»Herbschtgedicht« aus: »Vierzig vorbei«, Luchterhand, Darmstadt, 1988

P.S.: Die japanische Gedichtanthologie mit dem »Herbschtgedicht« gibt es tatsächlich, aber die Rückübersetzung aus dem Japanischen hab ich erfunden. Es war ganz einfach.

»s Lied vom Chäs« aus: »Das Kabarettbuch«, Luchterhand, Darmstadt, 1987

Das Kindliche

In Affoltern war die Erde hart Blss der erste Schnee viel. In den Bergen weht der Eiswind. Die Kühe froren. Und da ein Schnee Sturm die Türen knalten zu man meinte ein Monster kamm. Affoltern versunk im Schnee.

Das, meine Damen und Herren, schrieb der 10-jährige Louis aus Zürich-Affoltern, als er vor die Aufgabe gestellt war, eine Weihnachtsgeschichte zu verfassen, die mit Zürich-Nord zu tun haben sollte. Eine Schulklasse beteiligte sich am Wettbewerb, den die Stadt Zürich zusammen mit der Regionalzeitung »Die Vorstadt« ausgeschrieben hatte, ich war in der Jury und las alle Geschichten, hauptsächlich von Erwachsenen, aber auch von Kindern, und Louis gewann für sein Werk einen Büchergutschein von 100 Franken. Er hat bei weitem die knappste Geschichte geschrieben, aber ich finde, er hat diesen Gutschein verdient, denn es ist ein Stimmungsbild. Es erinnert mich an das älteste bekannte irische Gedicht. Unter dem Titel »My story« beschreibt der anonyme Autor ebenfalls den Winter:

> Here's my story; the stag cries,
> Winter snarls as summer dies.
>
> The wind bullies the low sun
> In poor light; the seas moan.

Shapeless bracken is turning red,
The wildgoose raises its desperate head.

Birds' wings freeze where fields are hoary.
The world is ice. That's my story.

Oder wie es Louis 1000 Jahre später ausdrückt:

In den Bergen weht der Eiswind. Affoltern versunk im Schnee.

Kinder sind Künstler, Kinder sind Dichter, Kinder sind Philosophen. Kinder ordnen die Welt neu, Kinder erschaffen die Welt. The child is father of the man, hat William Wordsworth gesagt. Für Kinder schreiben heißt mithelfen, die Welt zu erschaffen, ihre Welt zu erschaffen. Rückert hat darüber einen schönen Vers geschrieben:

Von deinen Kindern lernst du mehr, als sie von dir:
Sie lernen eine Welt von dir, die nicht mehr ist;
Du lernst von ihnen eine, die nun wird und gilt.

Kinder ordnen die Welt im Spiel, sie spielen mit ihren Puppen das Familienleben, sie spielen es auch mit Freundinnen und Freunden, Müeterlis nannten wir das damals, sie spielen mit ihren Tieren Schule, der Bär kommt immer zu spät, der Hund ist der fleißigste, der Pinguin ist der Lehrer, und alle ihre Beobachtungen der Weltordnung fließen ins Spiel ein. Als Autor für Kinder spiele ich gerne das ordnende Spiel mit.

Weihnachten – wie es wirklich war

War es so?

Maria kam gelaufen
Josef kam geritten
Das Jesuskindlein war glücklich
Der Ochse erglänzte
Der Esel jubelte
Der Stern schnaufte
Die himmlischen Heerscharen lagen in der Krippe
Die Hirten wackelten mit den Ohren
Die Heiligen Drei Könige beteten
Alle standen daneben

Oder so?

Maria lag in der Krippe
Josef erglänzte
Das Jesuskindlein kam gelaufen
Der Ochse war glücklich
Der Esel stand daneben
Der Stern jubelte
Die himmlischen Heerscharen kamen geritten
Die Hirten schnauften
Die Heiligen Drei Könige wackelten mit den Ohren
Alle beteten

Oder so?

Maria schnaufte
Josef betete

Das Jesuskindlein stand daneben
Der Ochse kam gelaufen
Der Esel kam geritten
Der Stern lag in der Krippe
Die himmlischen Heerscharen wackelten mit den Ohren
Die Hirten erglänzten
Die Heiligen Drei Könige waren glücklich
Alle jubelten

Oder so?

Maria jubelte
Josef war glücklich
Das Jesuskindlein wackelte mit den Ohren
Der Ochse lag in der Krippe
Der Esel erglänzte
Der Stern betete
Die himmlischen Heerscharen standen daneben
Die Hirten kamen geritten
Die Heiligen Drei Könige kamen gelaufen
Alle schnauften

Oder etwa so?

Maria betete
Josef stand daneben
Das Jesuskindlein lag in der Krippe
Der Ochse schnaufte
Der Esel wackelte mit den Ohren
Der Stern erglänzte
Die himmlischen Heerscharen jubelten
Die Hirten kamen gelaufen

Die Heiligen Drei Könige kamen geritten
Alle waren glücklich

Ja, so.

Dieser Text ist ein Sprachpuzzle, er probiert verschiedene Sprachkombinationen aus, fast wie die Bilderbücher, deren Seiten so zerschnitten sind, dass je nach Drehung der Kopf einer Giraffe aus dem Körper eines Froschs wächst, es geht darum, das herauszuhören, was zusammengehört. Dabei entstehen sehr komische Bilder, und sie sind komisch, weil die Kinder genau wissen, dass das nicht sein kann: Ein Ochse zum Beispiel liegt niemals in der Krippe, ein Stern schnauft nicht, und das Jesuskindlein kann auf keinen Fall schon mit den Ohren wackeln.

Da aber die Welt noch nicht ganz im Senkel steht, sind Kinder auch noch freier im Mischen und Kreieren von Wörtern und Begriffen. In meinem SJW-Heft »Sprachspiele« stehen lauter Anregungen zu solchen Spielereien, und bei meinen Radiosendungen für Kinder, die ich früher machte, hab ich öfters kleine Wettbewerbe veranstaltet; einmal bat ich die Kinder, neue Vogelnamen und damit auch neue Vögel zu erfinden, und umgehend bekam die Welt unserer gefiederten Freunde von den erstaunlichsten Neuankömmlingen Zuzug. Da hüpften auf den Zweigen herum die Chabismeise, der Antennenspatz, der Nudelspachtler, das Büchseschnapperli, der Bluttspecht, das Tschutscheli, das Dachrülpserli, der Binzpfiff, der Furzfink, die Grunzamsel, der Freudebussard, aber auch unheimliche Gesellen wie der Sparzengurgel, der Nachtgöisser und der Fotzelmoorgänger, und, für mich die rührendste Neuerscheinung, weil die 4 Buchstaben riesengroß auf eine Postkarte geschrieben waren, der Bipf.

Ab und zu flattert auch durch meine Kindergeschichten ein erfundener Vogel, zum Beispiel

Der Pfingstspatz

Viel weniger bekannt als der Osterhase ist der Pfingstspatz.

Er legt allen Leuten am Pfingstsonntag ein Grashälmlein auf den Fenstersims, eines von der Art, wie er es sonst zum Nestbau braucht. Das merkt aber nie jemand, höchstens ab und zu eine Hausfrau, die es sofort wegwischt.

Der Pfingstspatz ärgert sich jedes Jahr grün und blau über seine Erfolglosigkeit und ist sehr neidisch auf den Osterhasen, aber ich muss ehrlich sagen, das mit den Eiern finde ich auch die bessere Idee.

Diese Geschichte habe ich nicht speziell für Kinder geschrieben, aber als ich meine erste Kindergeschichtensammlung »Der Granitblock im Kino« zusammenstellte, schien mir, dass das gänzliche Scheitern eines Lebenskonzepts, das im »Pfingstspatz« beschrieben wird, jedem Kind einleuchten müsste.

Ich habe nachgezählt: Von den 61 Kindergeschichten in meinen Sammlungen »Der Riese und die Erdbeerkonfitüre« und »Der große Zwerg« sind 20 auch in meinen Büchern für Erwachsene zu finden.

Wo hört das Kinderland auf, wo fängt das Erwachsenenland an? Wie verschieden sind die Sprachen, die dort gesprochen werden? Brauchen wir Dolmetscher und Übersetzerinnen? Wir alle, auch wenn wir es manchmal vergessen, sind Grenzgänger zwischen den beiden Welten, und die Literatur ist voller Geschichten, die in beiden Ländern verstanden werden.

1971 gab Elisabeth Borchers im Ellermann Verlag die Anthologie für Kinder »Das große Lalula« heraus, in welcher sie vor allem Autoren versammelte, die nicht als Kinderbuchautoren bekannt waren, das ging von Johann Peter Hebel über Joachim Ringelnatz, Bertolt Brecht und Ernst Jandl zu Peter Bichsel. Dieses Buch hatte Signalwirkung. Vier Jahre später brachte Anna-Katharina Ulrich ein schweizerisches Pendant heraus, »En Elefant vo Äntehuuse«, und heute ist es eine Selbstverständlichkeit, dass Verlage wie Beltz & Gelberg, Nagel & Kimche oder Hanser ein literarisches Kinderprogramm pflegen. Da Elisabeth Borchers damals auch mich um mögliche Beiträge gefragt hatte, schickte ich ihr vier meiner skurrilen Geschichten, die ich auf der Bühne als »Wegwerfgeschichten« vortrug.

Ich lese Ihnen davon

Der Granitblock im Kino

Ein Granitblock aus einem öffentlichen Park hatte lange gespart und wollte mit seinem Geld ins Kino, und zwar hatte er von einem lustigen Film gehört, »Zwei Tanten auf Abenteuer«. Er ging also an die Kasse und verlangte fünf Plätze. Zuerst wollte sie ihm die Kassiererin nicht geben, doch da sagte der Granitblock bloß »oho«, und schon hatte er die Billette. Er hatte erste Reihe gelöst, weil er seine Brille vergessen hatte. Als sich der Granitblock auf seine fünf Plätze setzte, krachten gleich alle Armlehnen zusammen, und dann fing das Vorprogramm an. Der Granitblock schaute interessiert zu und bestellte in der Pause zehn Eiscrèmes, die er sofort hinunterschluckte. Jetzt fing das Hauptprogramm an, und der Granitblock amüsierte sich sehr. Da er an Humor nicht gewöhnt war, musste er schon über jede Kleinigkeit lachen, zum Beispiel wenn eine Tante zur andern sagte, »na, altes Haus?« Er schlug sich auf die Schenkel und lachte, dass das ganze Kino zitterte und die Leute durch die Notausgänge flüchteten. Als dann eine Tante der andern mit dem Schirm eins über den Kopf haute, war der Granitblock nicht mehr zu halten. Er hüpfte jaulend auf und ließ sich auf seine Sessel plumpsen, die sogleich zusammenbrachen, und damit nicht genug, stürzte er durch den Boden des Kinos in einen Keller und konnte den Rest des Films nicht mehr ansehen. Das Kino wurde vorübergehend geschlossen, der Granitblock musste mit einem Lastwagen in seinen Park zurückgebracht werden, und heute langweilen sich schon alle Spatzen, wenn er wieder mit seiner Geschichte von den Tanten kommt und kichernd erzählt, wie eine zur andern gesagt hat, »na, altes Haus?«

Was dem erwachsenen Hörer gefällt, ist wohl dasselbe wie das, was den Kindern gefällt: Die Komik des Unbeholfenen, des Tolpatschs, der sich danebenbenimmt, weil er die Regeln nicht kennt. Und vielleicht auch die Unternehmungslust eines Pflatschs, der sich endlich aufrafft, um sich einmal in seinem Leben ein Vergnügen zu gönnen, und an einen Ort geht, wo er nicht hingehört. Und die monströse Kraft des Riesen, die, obwohl nur gutmütig und aus reiner Belustigung angewandt, ein ganzes Parkett zum Einsturz bringt.

Der komische Kontrast, der im Unpassenden enthalten ist, regt die Kinder zu eigenen Erfindungen an, ich habe viele Geschichten erhalten mit Titeln wie »Der Elefant im Schwimmbad«, »Die Badewanne und das Eichhörnchen in der Disco« oder »Das Hirn und das Auge gehen einkaufen«.

In all diesen Geschichten ist deutlich zu erkennen, dass das Absurde und Groteske große Provinzen des Kinderlandes sind und dass man im ganzen Land damit rechnen muss, von

Tieren angesprochen und von Steinen, Bäumen und Badewannen zurechtgewiesen zu werden. Die alte Einsicht der animistischen Märchen, dass alles lebt, selbst die Materie, ist ja in neuerer Zeit durch die Erkenntnisse der Molekularphysik wissenschaftlich bestätigt worden – in jedem Stein wabern die Kräftefelder der Atomkerne wie winzige Planetensysteme, mit andern Worten, Stein, Baum und Tier sind unsere Verwandten. Im Kinderland hat man das schon immer gewusst, da ist man stets darauf gefasst, einem Granitblock zu begegnen, der grad unterwegs ins Kino ist, oder einem Joghurt, das seinen Kühlschrank verlässt.

Der offene Kühlschrank

Ein Mann suchte einmal in seinem Kühlschrank ein Himbeer-Joghurt, aber er fand keins. Enttäuscht ging er zur Küche hinaus und vergaß dabei, den Kühlschrank zu schließen.

Sosehr der Kühlschrank auch kühlte, in seinem Innern wurde es immer wärmer, und nach einer Weile lief ein kleines Bächlein unten aus ihm heraus.

»Das ist ja nicht auszuhalten!« stöhnten die Haselnuss-Joghurts.

»Ist das ein Kühlschrank oder ein Kachelofen?« giftelten die Schweinswürstchen.

»Wie soll man hier noch frisch bleiben?« ächzte ein Emmentaler Käse, der schon aus allen Löchern tropfte.

»Mir reicht's«, sagte ein Joghurt nature, »ich gehe!«

»Wohin denn?« fragten die Würstchen.

»In die Natur«, sagte das Joghurt nature.

»Ich komme mit!« rief ein Bio-Krachsalat.

»Wir auch!« riefen die Haselnuss-Joghurts, die Schweinswürstchen, der Emmentaler Käse, die Butter und die zwei

Milchpackungen, und auch die Eier und die Tomaten nickten entschlossen. Ein Bier, das vor Wut schäumte, schloss sich ebenfalls an, nur die Essiggurken, die Silberzwiebelchen und die Oliven blieben in ihren Gläsern und glotzten den andern blöd und träge nach.

Die hüpften nun alle zum Kühlschrank hinaus und zogen, angeführt vom Joghurt nature, wie eine kleine, feuchte Karawane ins Wohnzimmer. Bald hatten sie die Topfpalme neben dem Sofa erreicht.

»So!« rief das Joghurt nature, »im Schatten dieser Palme lassen wir es uns wohl sein!« Alle ließen sich nun auf dem Teppich am Fuß der Zimmerpalme nieder und genossen die Aussicht auf die Sofalehne, die Stuhlbeine, den Glastisch und den Fernsehapparat. Überall, wo sie saßen, gab es nasse Flecken.

Aber es ging nicht lange, da sagte der Emmentaler Käse: »Mir ist so heiß.«

»Ja«, sagten die Würstchen, »es ist hier überhaupt nicht kälter als im Kühlschrank«, und den beiden Milchpackungen rannen große Tropfen über ihre Aufschrift hinunter.

»Kameraden!« rief da das Joghurt, »wir verlassen dieses Haus!«, und sie erhoben sich und gingen alle zusammen das Treppenhaus hinunter zur Tür hinaus und standen nun auf der Straße.

Da es Sommer war, schlug ihnen eine große Hitze entgegen.

»Es ist heißer als in einer Kuh«, sagte eine Milchpackung zur andern.

»Ich schwitze«, sagte der Krachsalat laut.

»Ich schmelze«, sagte die Butter leise.

»Uns wird ganz schwabblig«, sagten die Eier, die Tomaten liefen rot an, und das Bier schäumte stumm vor sich hin.

»Gut«, sagte das Joghurt nature, »dann halt zurück in den Kühlschrank.«

Aber hinter ihnen war die Haustür ins Schloss gefallen, und da standen sie und wussten nicht ein noch aus.

In dem Moment kam der Mann zurück, der sich im Milchladen ein paar Himbeer-Joghurts gekauft hatte, und traf fast den ganzen Inhalt seines Kühlschranks vor der Haustüre an.

»Was macht ihr denn da?« fragte er erstaunt.

»Ein bisschen frische Luft schnappen«, hüstelte das Joghurt nature.

»Wird ja wohl noch erlaubt sein«, sagten die Schweinswürstchen frech, und die andern schauten verlegen zu Boden.

»Na dann«, sagte der Mann, packte die Joghurts, den Emmentaler, die Würstchen, die Eier, die Tomaten, den Krachsalat, die Butter, die Milch und das Bier in seine Tasche, trug sie hinauf, stellte sie eins nach dem andern in den Eisschrank und schloss die Tür, und bald strömten wieder herrlich kühle Luftzüge um unsere Abenteurer.

Die Butter atmete auf, die Würstchen schauten wieder frisch aus der Packung, und der Emmentaler Käse strahlte aus allen Löchern.

»So, war's schön in der Natur?« stichelten die Essiggurken, und die Oliven und die Silberzwiebelchen kicherten dümmlich dazu.

Da riefen die Joghurts, der Käse, die Würstchen, die Tomaten, die Eier, der Krachsalat, die Butter, die Milchpackungen und das Bier wie aus einem Munde: »Jaaaa!«

Und alle erzählten noch so lange von der Topfpalme, dem Treppenhaus und der Hitze vor der Haustüre, bis sie gegessen oder getrunken wurden.

Kinder lieben Komik, und da Kinder sich selbst oft als unpassend erleben – »Mit dir kann man ja nirgends hin!« oder »Du stehst immer am blödsten Ort« – lieben sie es auch, wenn unpassende Dinge passieren.

Und da Kinder immer der Autorität ausgesetzt sind, lieben sie es, wenn den Autoritäten unpassende Dinge passieren, Dinge, welche die Autoritäten demontieren.

Der König, ganz für sich

Ein König zog sich einmal nach dem Essen in sein hinterstes Zimmer zurück, schloss die Türen ab, machte die Läden des großen Fensters zu, und als er sich versichert hatte, dass er wirklich allein war, lockerte er seinen Gürtel, ließ die Hosen herunter und machte einen großen Furz.

Da hatte er aber Pech. Ich stand nämlich am kleinen Fenster und habe alles gesehen und erzähle es euch jetzt.

Unnötig zu sagen, dass Kinder größtes Interesse am Fäkalen, Analen und Genitalen haben.

Eines meiner Kinderbilderbücher erzählt die Geschichte eines Jungen, der, als er auf dem Nachthafen sitzt, von diesem durch die Luft in die Ritterzeit getragen wird, wo er als König empfangen wird und man ein großes Fest für ihn feiert. Dann aber dringen fremde Soldaten ein und wollen den König umbringen. Der Junge versucht alles mögliche, und schließlich scheißt er vor Angst in den Nachthafen, und das rettet ihn, der Nachthafen fliegt mit ihm durch die Nacht wieder zurück.

Das war bei weitem mein erfolglosestes Kinderbuch, und es hat vielleicht auch damit zu tun, dass Kinderbilderbücher fast immer von Erwachsenen gekauft werden. Und welcher

Pate, welche Tante, welcher Großvater will sich schon die Finger verbrennen an einem Geschenkbuch, in welchem als Höhepunkt geschissen wird? Ich habe aber von mehreren Eltern gehört, dass das eines der liebsten Bücher ihrer Kinder sei.

Kinder sind, wenn man sie erreicht, ein Traumpublikum. Sie fiebern mit ihren Helden mit, sie sind engagiert, und wenn sie sich entschieden haben, in eine Geschichte einzusteigen, steigen sie nicht so schnell wieder aus.

In der Literaturkritik wird mit schöner Regelmäßigkeit immer wieder mal gefragt, ob man denn heute noch Geschichten erzählen könne. Ein Kind würde diese Frage nie stellen. Geschichten sind für die Kinder nicht irgendeine Zugabe, sondern sie gehören zu den Grundnahrungsmitteln, wie Milch und Corn Flakes. In Bolivien habe ich einmal einen Geschichtennachmittag mit Kindern gemacht, und am nächsten Tag traf ich ein Mädchen, das dabei gewesen war, und es stellte mir die schöne Frage: Me regalas una historita? Schenkst du mir ein Geschichtlein?

Wenn einen die Kinder nicht antreffen, dann schreiben sie. Allein die Kinderbriefe wären ein Grund, nur für Kinder zu schreiben.

Erfrischend sind die Fragen, die sie einem stellen. Nie ist eine darunter in der Art von: »Glauben Sie nicht, dass die Phantasie auch eine Flucht aus der Realität sein kann?« sondern das, was sie vom Autor wissen wollen, ist etwas ganz anderes:

Sind Sie verheiratet? Haben Sie Kinder? Haben Sie ein Haustier? Wie viele Bücher haben Sie geschrieben? Erfinden Sie auch Witze? Was wollten Sie früher werden? Wie viel verdienen Sie?

Und ebenso erfrischend sind ihre Reaktionen auf das, was man geschrieben hat.

Ein paar Zitate aus Briefen, die ich kürzlich bekommen habe:

Zu »Wenn ich mir etwas wünschen könnte«

Lieber Herr Hohler

Ich fand die Geschichte tol forallem weil es ein schönes ende hate.

Liebe Grüße von Laura

Lieber Herr Hohler

Die Geschichte von Barbara hat mir ser gut gefallen. Aber an der Geschichte gefelt mir nicht das dass Buch von Barbara so kurz war.

Viele Grüße, Anja

Lieber Herr Hohler,

ich fante es traurig will sie nicht die beste in der Schule war. – Aber dennoch: Sie Herr Hohler sie haben eine schöne Geschichte geschrieben.

Dervish

Laura liebt also Happy Ends, und Anja möchte ihre Heldin, die sie eben erst kennen gelernt hat, nicht schon wieder verlassen. Das werd ich mir merken.

Sehr viele Zuschriften bekomme ich zu meinen drei »Tschipo«-Romanen, und oft wird mir darin vorgeschlagen, was für weitere Bücher ich mit Tschipo als Hauptfigur schreiben könnte, von »Tschipo in Afrika« über »Tschipo in der Tiefsee« bis zu »Tschipo im Weltall«.

Mein Neffe hat mir vor Jahren einen Bleistift zu Weihnachten geschenkt und dazu geschrieben: »Hier hast du einen Bleistift für ›Tschipo 3‹ zum Schreiben.«

Gut, hab ich mir gedacht, dann mach ich doch das. Ich habe begonnen, mit diesem Bleistift »Tschipo 3« von Hand in ein Notizbuch zu schreiben, es war »Tschipo in der Steinzeit«, und die Einfachheit der Methode passte auch zum Motiv. Erst als der Bleistift nach 14 Kapiteln auf einen Stummel zusammengeschrumpft war, bin ich mit dem Manuskript an die Schreibmaschine.

Diese Geschichte erzähle ich oft bei Schulbesuchen und zeige dazu mein großes, gebundenes Notizbuch, und die Kinder sind meistens beeindruckt, dass ein einziger Bleistift das Potential eines halben Buches enthält, und ich hoffe, Sie seien es auch ein bisschen.

Bei einem Schulbesuch in Pratteln hat sich nach dieser Geschichte ein Viertklässler hingesetzt, hat mit einem Taschenmesserchen ein Stück seines Bleistifts abgeschabt, hat darauf mit roter Farbe meine Initialen geschrieben, F. H., und hat ihn mir gebracht. Als ich fragte, wieso er mir seinen Bleistift gebe, hat er gesagt, das sei für »Tschipo 4«. Zu meiner Schande muss ich gestehen, dass »Tschipo 4« noch nicht geschrieben ist, aber den Auftrag habe ich, und ich vergesse ihn nicht.

Oder wie es ein anderer Viertklässler schreibt:

Lieber Herr Hohler

Ich bin 10 Jahre alt. Wir haben in der Schule Ihr Buch Tschipo gelesen. Mir hat es gut geffallen. Ihr könnt ruhig so weiterschreiben.

Oder der Klassiker unter meinen Kinderzuschriften:

Die beiden Tschipo-Bücher sind meine Lieblingsbücher. Ich bin froh, dass Sie noch nicht gestorben sind, dann können Sie noch einen dritten Band schreiben.

Nicht alle Kinder sind übrigens des Lobes voll, vor allem, wenn eine ganze Klasse den Auftrag bekommt, mir einen Brief zu schreiben, tönt es manchmal auch anders:

Lieber Herr Hohler

Ich fand das Tschipo-Buch eigentlich recht lustig, nur passierte immer das was passieren musste. Zum Beispiel auf der ersten Insel: kaum war Tschipo bei Tschako träumte er von einem Boot. Wissen Sie was ich meine?

Da kann ich nur sagen, der hat mich durchschaut. Unverblümt auch die folgende Rückmeldung:

Mir persönlich hat ihre Geschichte Tschipo nicht so gefallen, es gibt bessere Geschichten. Sicher haben sie sich sehr viel Mühe gegeben und ihrer Fantasie freien Lauf gelassen, aber mir gefallen Geistergeschichten und Kinderkrimis mehr.

Dann erschrickt er vielleicht selbst etwas über seinen Mut, und er fügt noch eine Beschwichtigung an:

Es gibt eben Leute, die einen anderen Geschmack haben als Sie. Ich wünsche ihnen trotzdem viel Erfolg.

Gruß von Aeneas wo 10 Jahre alt ist.

Noch etwas weiter geht ein Schüler, der seinen Namen absichtlich so geschrieben hat, dass man ihn nicht lesen kann, es ist sozusagen die Kinderfassung eines anonymen Briefs:

Ich habe Tschipo gelesen und das meiste war gut. Vieles war sehr übertrieben, wie der Fliegenkörper mit dem Elefantenkopf oder die Riesenmaus. Ich gebe Ihnen einen Tipp! Wollen sie Karriere machen, dan schreiben sie eine Kriegsgeschichte mit Panzer und Waffen und solchen Sachen, das erwartet die Jugend

Und schon sitzt der Autor in der Klemme.

Da hat er sich doch sein Bild von den Kindern so schön zurechtgelegt, bei der Phantasie will er sie abholen, erfindet einen Buben, der so stark träumt, dass am Morgen von seinem Traum immer etwas übrigbleibt, und schickt ihn zu den Pinguinen in die Antarktis und in die Steinzeit, verwandelt ganze Inseln in Gold und Kohle, lässt andere Inseln auftauchen, auf denen die Fische fliegen und die Vögel schwimmen, lässt ein junges Gespenst, dem es nicht gelingt, unheimlich zu sein, zum unheimlichsten Gespenst von ganz Schottland in die Lehre gehen, um dort zu merken, dass es nur so unheimlich ist, weil es selbst Angst hat, jagt einen Granitblock ins Kino und lässt einen Riesen Erdbeerkonfitüre machen, und schon bekommt er eine Quittung ganz anderer Art, die ihm sagt, das interessiert uns alles nicht. Mehr Krieg muss her!

Das hat mich an eine Geschichte erinnert, die ich einmal von einer Kindergärtnerin gehört habe.

Die Zeichnung

Ich habe von einer Kindergärtnerin gehört, hier in der Schweiz, die ihren Kindern sagte, sie sollten auf ihre Pausentäschchen etwas zeichnen, das sie besonders gerne hätten – ein Tier vielleicht, oder eine Blume, schlug sie vor.

Daraufhin erblühten auf den Täschchen viele bunte Blumen, und Katzen, Elefanten und Giraffen begleiteten die Kinder auf ihrem Weg zum Schulhaus. Nur ein Bub aus der Gegend, die man früher Jugoslawien nannte, malte auf sein Täschchen mit schwarzem Filzstift einen Panzer.

Die Kindergärtnerin, entsetzt, verbot ihm, dieses Täschchen nochmals mitzubringen.

Den Fortgang der Geschichte kenne ich nicht.

Der Wunsch nach Krieg macht uns, die wir das Gute oder das Kreative in den Kindern fördern, animieren oder wecken wollen, ratlos.

Ich erinnere mich allerdings gut daran, wie ich als Kind stundenlang die reich illustrierten Bände über den Zweiten Weltkrieg, »Das große Weltgeschehen« aus der Bibliothek meines Vaters durchstöberte und dabei von den Kriegsbildern stets aufs Neue fasziniert war, und ich erinnere mich auch daran, wie ich als Kind den Mädchen, die mir ein Erinnerungs-Album gaben, damit ich mich eintrage, sterbende Eidgenossen aus St. Jakob an der Birs hineinzeichnete, die sich mit verzerrtem Gesicht einen Pfeil aus der Brust rissen, bis mich meine Mutter einmal ermahnte, doch etwas friedlichere Bilder zwischen die Sonnenblumen und Engel der anderen Kinder zu malen.

Der Krieg gehört nicht zu den Hauptmotiven meiner Kindergeschichten, obwohl er in einzelnen davon vorkommt, aber sicher nicht in einer Form, die meinen anonymen Schüler interessieren würde, etwa in der Geschichte »Märchen ohne verzauberte Prinzessin«, wo ein Prinz auf keinen Fall eine verzauberte Prinzessin erlösen will und sich dafür in die wildesten Kämpfe stürzt und mit einer Panzerfaust einen unbesiegbaren Panzer der feindlichen Armee angreift, der einen silbernen Streifen am Geschützturm hat, und als er ihn trifft, verwandelt sich dieser in eine Prinzessin, die nur in einen Panzer verzaubert gewesen war.

Kinder, die den Krieg erlebten, schreiben andere Geschichten. Ich habe in Goražde in Bosnien ein Projekt initiiert für psychologische Arbeit mit kriegstraumatisierten Kindern, und im Rahmen dieses Projekts haben die Kinder unter anderem ihr schlimmstes Erlebnis aufgeschrieben. Ich habe mir die Aufsätze übersetzen lassen, sie sind erschütternd. Eine Auswahl davon bot ich dem »Magazin« an, aber da war der Krieg in Bosnien eben schon vorbei, der nächs-te war bereits im Gange, und deshalb waren die Texte nicht mehr aktuell und wurden nicht veröffentlicht.

Ich möchte Ihnen eine Geschichte vorlesen, die ich einmal als Juror eines Geschichtenwettbewerbs ausgezeichnet habe – sie stammt von einer Schülerin, die aus dem Balkan in die Schweiz gekommen war.

Zwei Beine

Es waren zwei Beine. Sie gingen immer zusammen. Sie waren gute Freunde und sagten, dass sie sich nie trennen wollten. Sie gingen immer zusammen spazieren. Aber wenn sie spazierten, ging das rechte Bein immer zuerst. Das linke Bein fand, dass dies nicht richtig sei, aber es sagte nichts. Eines Tages aber war es für das linke Bein genug. Und es sagte: »Das ist nicht recht, dass du immer zuerst gehst.« Und sie stritten lange, und plötzlich sagte das linke Bein: »Ich gehe nicht mehr mit dir spazieren!« Sie trennten sich und gingen nie mehr zusammen spazieren.

Stellen Sie sich vor, was das heißt, wenn sich das linke und das rechte Bein trennen. Was für ein Bild für die Lösung eines Konflikts!

Dabei wäre es so einfach, wie die nächste Geschichte zeigt, die ebenfalls von einem Kind aus dem Balkan stammt.

Die Katze und die Maus

In einem Haus lebte einmal eine Katze. Sie hatte viele Probleme, weil sie keine Maus erwischen konnte. Jeden Tag machte sie einen neuen Plan, aber sie hatte nie Erfolg. Die Maus war sehr intelligent. Die Katze stellte ihr Fallen. Aber die Maus bemerkte sie und machte, dass die Katze selber in die Falle geriet. An einem Abend dachte die Katze, dass sie mit der Maus Freundschaft schließen müsste. Am nächsten Morgen fragte sie die Maus. Die Maus sagte ja. Und immer noch leben sie friedlich zusammen.

Dieses Motiv, der Wunsch nach Freundschaft, begegnet mir immer wieder in den Geschichten, die ich von Kindern bekomme oder die ich mit Kindern zusammen mache, und es ist ein tiefer Wunsch, der wie eine Quelle aus dem menschlichen Grundwasserstrom heraufdrängt.

Die Frage aber nach der Gewalt oder nach dem Platz des Bösen in Kindergeschichten ist im Übrigen so etwas wie ein pädagogischer running gag. Brauchen Kinder Märchen oder Katastrophen?

Ich lese Ihnen dazu eine meiner bekanntesten Kindergeschichten.

Made in Hongkong

»Made in Hongkong« – das habt ihr sicher schon auf einem eurer Spielzeuge gelesen. Aber wisst ihr auch, was es heißt? Also, ich will es euch erklären.

Was Maden sind, wisst ihr, so nennt man die Käfer, wenn sie noch so klein sind, dass sie wie winzige Würmer aussehen.

In einem Garten lebte einmal eine ganze Schar solcher Maden. Eine davon war besonders klein und wurde von den andern ständig ausgelacht. »Du bringst es nie zu etwas!« sagten sie immer wieder, bis die Made so wütend wurde, dass sie sagte: »Ich bringe es weiter als ihr alle. Ich komme bis nach Hongkong!« und schnell davonkroch.

»Viele Grüße!« riefen ihr die andern nach, »und lass es uns wissen, wenn du in Hongkong angekommen bist!«

Die Made kroch zum Flughafen und konnte sich dort im Spalt einer großen Kiste verstecken. Der Zufall wollte es, dass diese Kiste nach Hongkong geflogen wurde, aber das war noch nicht alles. Die Kiste war nämlich voll Gold, und deshalb wurde sie in Hongkong auf dem Flughafen von Räubern gestohlen, die damit davonfuhren und sie in einem verlassenen Keller versteckten. Nachher wollten sie eine zweite solche Kiste rauben, wurden aber dabei von der Polizei erschossen.

Jetzt wusste niemand mehr, wo die Kiste mit dem Gold war, außer unserer Made. Die überlegte sich, wie sie ihren Maden zuhause mitteilen konnte, dass sie in Hongkong angekommen war. Dabei kam ihr in den Sinn, dass im Garten, wo sie lebten, ein großer Sandhaufen war, in dem viele Kinder spielten. Deshalb kaufte sie mit ihrem Gold alle Spielzeugfabriken in ganz Hongkong und befahl sofort, dass man auf jedes Spielzeug, das nach Europa verkauft wurde, die Nachricht draufdrucken musste: »Made in Hongkong«.

Ich kann euch sagen, die Maden machten große Augen, als sich die Kinder im Sandhaufen laut vorlasen, was auf ihren neuen Spielzeugen stand.

»Habt ihr das gehört?« flüsterten die Maden einander zu, »die ist tatsächlich angekommen.«

Viele von ihnen versuchten daraufhin auch, die Reise zu machen, aber keiner gelang es, die eine flog mit einer Pendeluhr nach Amsterdam, die andere versteckte sich in einem Sandwich und wurde unterwegs aufgegessen, und die meisten kamen nicht einmal bis zum Flughafen, weil sie ihn entweder nicht fanden oder vorher von einem Vogel aufgepickt wurden.

Klein sein allein genügt eben nicht, es gehört auch noch etwas Glück dazu.

Die Publikation dieser Geschichte hatte zur Folge, dass mich eine Lesebuchredaktorin anrief und fragte, ob sie diese Geschichte in einem Lesebuch für dritte Klassen abdrucken dürfe. Ich sagte, das würde mich freuen, und dann fuhr die Redaktorin fort, einen kleinen Einwand hätte sie noch. Das ganze Redaktionsteam habe die Stelle, wo die Räuber von der Polizei erschossen werden, für Kinder etwas hart gefunden und ob ich dort nicht schreiben könne, »die Räuber wurden von der Polizei geschnappt«.

Ich überlegte mir das einen Moment und sagte dann, wenn die Räuber bloß ins Gefängnis kämen, würden sie nachher der Made das Gold wieder wegschnappen, und ich ziehe es vor, sie ganz von der Bildfläche verschwinden zu lassen. Ich sähe natürlich ein, dass es pädagogisch wertvoller wäre, wenn ich versuchen würde, diese Räuber irgendwie zu resozialisieren, aber ich sei im Rahmen dieser kurzen Geschichte nicht dazu in der Lage und gebe sie nur so, wie sie sei, oder gar nicht. Ich könnte aber, bot ich an, einen kleinen Text über unser Gespräch schreiben, damit die Kinder sehen, dass man sich über so etwas durchaus Gedanken machen kann, und so kam es, dass heute im Lesebuch »Der Zaubertopf« ein Dialog »Bei Hohlers läutet das Telefon« steht. Darin gebe ich unser Gespräch wieder und sage auch, dass es mir selber ein bisschen leid tue für die Räuber und dass ich versuchen werde, sie in einer nächsten Geschichte etwas besser zu behandeln, oder vielleicht käme ja den Kindern selbst eine Geschichte in den Sinn, in welcher es den Räubern etwas besser gehe, und wenn ihnen eine solche Geschichte in den Sinn käme, sollen sie mir diese schicken.

Das war eine verhängnisvolle Aufforderung, denn sie hatte zur Folge, dass ich seither alle zwei bis drei Wochen einen dicken Brief mit Made-Geschichten bekomme, und die muss ich dann alle lesen und beantworten, denn wenn man Kinderbriefe nicht mehr beantworten kann, ist man ein armer Hund – gut, wenn man sie beantworten muss, auch.

Bei diesen Geschichten fällt mir auf, dass der gewaltsame Tod der Räuber für die Kinder kein Problem darstellt. Es interessiert sie viel mehr, wie die Made in die Welt hinauszieht und ihr Glück macht, und ihre Geschichten heißen denn auch öfters »Made in Afrika«, »Made in Amerika« oder »Made in Japan«, und auch die Vorschläge zu einer besseren Behandlung der Räuber sind im Hinblick auf die Friedensforschung eher enttäuschend.

Ein Kind hat z. B. den Vorschlag der Redaktorin aufgenommen und schrieb:

»Die Räuber wurden von der Polizei geschnappt und kamen ins Gefängnis. Sie waren aber schon sehr krank und sind bald darauf gestorben.«

Also das Böse muss weg. Oder doch nicht ganz?

Von den Hunderten von Geschichten, die ich von Kindern zu diesem Thema bekommen habe, möchte ich Ihnen eine vorlesen. Sie ist von zwei Drittklässlern aus Spiez und heißt

Die arme Marktfrau

Es war einmal eine alte, arme Marktfrau, die hatte fast kein Geld.

Eines Tages ging sie auf den Markt mit Gemüse, da verdiente sie 1000 Franken.

(Sie sehen, es ist eine Geschichte aus der Schweiz, da wird die Armutsgrenze etwas höher angesetzt. F.H.)

Da ging sie nach Hause.

Am nächsten Tag ging sie wieder auf den Markt und verdiente wieder 1000 Franken, und am nächsten Tag verdiente sie wieder 1000 Franken.

Als sie nach Hause ging, wurde sie von 2 Räubern überfallen. Sie nahmen ihr alles Geld.

Am nächsten Tag ging sie wieder auf den Markt und verdiente 3000 Franken und lebte damit gemütlich und friedlich.

Das ist auch eine Meldung aus dem Kinderreich, und sie lautet nicht nur: Geld löst jedes Problem, das kennen wir aus dem Erwachsenenreich, sondern auch: Es sollte doch irgendwo einen Platz für die Räuber geben, oder für die, welche einfach lieber Räuber wären als irgendetwas anderes. Und es sollte einen Platz für sie geben, der den andern Menschen nicht schadet.

Kinder seien Philosophen, habe ich gesagt. Ich lese Ihnen die Geschichte einer 11-jährigen Philosophin vor, die sich damit an einem Geschichtenwettbewerb beteiligt hatte.

Der Fremde

Kennst du ihn? Was, wen? Na ihn. Was heißt, du kennst ihn nicht? Da steht er doch. Ja der. Wenn du zu ihm willst, musst du geradeaus, dann links, nachher rechts und dann wieder links. Ich? Nein, das sagte ich nie. Ich kenne diesen Mann nicht. Aber wenn du ihn kennst, kenne ich ihn auch. Also geh hin zu ihm und frage, ob du ihn kennst. Wenn er sagt: »Nein«, dann kennst du ihn nicht, und wenn du ihn nicht kennst, dann kenne ich ihn auch nicht, und er kennt mich nicht. Dich kennt er dann also auch nicht. Darum kennen wir ihn beide nicht, und er kennt uns beide nicht. Wenn er aber sagt: »Ja«, dann kennst du ihn, und wenn du ihn kennst, dann kenne ich ihn auch, und er kennt mich, und er kennt dich. Also kennen wir ihn beide und er kennt uns beide. Also geh jetzt. Was hat er gesagt? Was, er kennt uns nicht? Eben, dann kennt er mich nicht, und er kennt dich nicht, wir kennen ihn beide nicht, und er kennt uns nicht. Die Sache ist geklärt.

Soweit Andrea Kälin aus Willerzell, die heute 22 sein muss. Es würde mich interessieren, ob sie Philosophie oder Informatik studiert oder ob sie die Hotelfachschule gemacht hat und gelernt hat, wie man Fremde anlockt.

Ein Verwirrtext, der so lange mit einem Begriff spielt, bis es uns schwindlig wird. Und dann ist die Sache geklärt.

Ist noch irgendetwas kindlich an dieser verschmitzten, altklugen Geschichte? Für mich ist es vor allem das Element der Wiederholung. Kinder lieben gewöhnlich Wiederholungen, weil sie etwas festmachen und kennzeichnen, und die Sicherheit, dass in einer Geschichte eine Wiederholung kommt, gibt ihnen so etwas wie einen Wissensvorsprung, es macht sie zu Herren über die Realität, und sie protestieren, wenn sie der Erzähler auslässt. Bei Andrea ist dieses Element aus der Kinderwelt übriggeblieben, aber es dient nur noch dem Katz-und-Maus-Spiel mit uns.

Um einen einzigen Begriff dreht sich auch die Geschichte von Dominic aus der Orientierungsschule in Basel. Sie trägt den Titel

Normal

Es lebte einmal ein Mann. Er war ein sehr gewöhnlicher Mann. Er ging zur Arbeit, schlief nachts, hatte eine Familie und ein Haus. Dieser Mann lebte in einer Stadt und dachte sich nichts dabei, denn wer denkt sich schon etwas in einer ganz normalen Stadt, mit ganz normalen Bewohnern und ganz normalen Häusern. Doch irgendwie war alles einfach zu normal. Der Mann begann sich zu wünschen, dass einmal etwas Spannendes passieren würde, doch er wurde älter und älter, und nichts geschah. Als er sich an einem ganz normalen Tag an seinen ganz normalen Tisch setzte und nach seiner ganz normalen Frau rief, antwortete niemand. Er ging im Haus herum und suchte sie, doch seine Frau war nicht da. Er dachte, sie sei wohl einkaufen gegangen, und blickte auf die Uhr … doch diese stand still. Der Mann wunderte sich und ging ins Bad, doch auch diese Uhr hatte aufgehört zu ticken. Er packte seine Sachen und ging aus dem Haus. Vor der Tür blieb er wie angewurzelt stehen: die sonst so lebendige Straße war menschenleer, und es herrschte eine Todesstille. Er stieg in seinen Wagen und fuhr zu seiner

Bank, bei der er arbeitete. Doch die Büros waren leer, da fiel der Strom aus. Der Mann bekam es mit der Angst zu tun, und als sich dann auch noch der Himmel verdunkelte und es finster wurde, wünschte er sich, es wäre ein ganz normaler Tag geworden.

Was für eine Warnung. Aus dem Normalen ausbrechen, davon träumt noch mancher, aber es ist nicht gratis zu haben. Die Geschichte ist eine fundamentale Satire auf den Spießbürger mit apokalyptischem Ausgang. Und der Spießbürger bleibt selbst im großartigen Abenteuer des Weltuntergangs der Spießbürger, der er war, denn sofort sehnt er sich wieder nach dem Normalen. Er ist in keiner Weise darauf vorbereitet, dem Normalen zu entrinnen, obwohl er sich das dauernd gewünscht hat.

Die Fee

heißt eine Geschichte der 9-jährigen Sabrina aus Flüh.

Es war einmal ein Kind namens Melanie. Melanie möchte so gerne eine Fee sein. Als Melanie ins Bett musste, sagte sie ihrer Mutter, dass sie gerne eine Fee sein möchte. Die Mutter antwortet: Melanie, als Fee musst du viel arbeiten. Melanie antwortet darauf, ja wenn das so ist, möchte ich doch keine Fee sein.

Hier wird der Ausbruch erst gar nicht gewagt, und fast tut es uns ein bisschen Leid, dass sich Melanie durch einen einzigen Einwand ihrer Mutter von ihrem Wunsch abbringen lässt. Wir hören dahinter all die Erwachsenen, die ihren Kindern vom Traumberuf abraten, Pilot, Chirurg, Fernsehstar, und die viele Arbeit dürfte wohl zu den häufigsten Drohungen gehören.

Aber dafür geht die Welt auch nicht unter in dieser Geschichte, sondern Melanie darf wohlbehütet von ihrer Mutter im vertrauten Bett einschlafen.

Unter den »Wegwerfgeschichten« einer vierten Klasse aus dem Bernbiet fand ich eine mit dem eigenartigen Titel

Das Huhn kratzte sich

Es waren einmal ein Huhn und ein Meister. Der Meister mag gerne gekochte Eier, aber das Huhn legte einfach keine. Das Huhn gackerte einfach immer weiter und sein Meister sagte: Leg doch mal eines. Da kratzte sich das Huhn am Kopf. Kratze dich nicht, das nützt nämlich nichts. Aber das nützte auch wirklich nichts. Auf einmal sagte der Meister, wenn du kein Ei legst, köpfe ich dich. Da kratzte sich das Huhn wieder. Ich weiß nicht, sagte es. Aber es legte und legte keine Eier. Da packte der Mann das Huhn und köpfte es. Wird der Mann nie wieder ein Huhn kaufen?

Mit dieser überraschenden Frage entlässt der Autor oder die Autorin – die Geschichte ist namenlos – den schockierten Leser, der soeben einer Szene beigewohnt hat, in der eine Drohung wahr gemacht wird. Eigentlich konnten wir ahnen, dass es so weit kommen würde, wie in der Geschichte vom Pressluftbohrer und vom Ei, aber wir hätten dem Huhn gern eine Chance gegeben. Nicht so das realistische Kind aus dem Bernbiet, das den Tarif für ein nutzloses Haustier kennt. Aber auch das Kind weiß nicht, ob der Mann sich noch einmal zum Kauf eines Huhnes aufraffen wird, denn fast sieht es so aus, als sei der Mann durch die Hinrichtung des Huhnes etwas mitgenommen, und man hat das Gefühl, diese Frage sei kein Scherz, sondern sie wiege schwer.

Philosophinnen sind da am Werk, Dichter, und wenn ich sagen müsste, was nun das Kindliche an diesen Geschichten sei, dann würde ich sagen: dass sie sich vor keinem Motiv fürchten, sondern dass sie es unverfroren anpacken, sei es auf spielerische oder auf ganz direkte Art.

Wenn Sie einem Kind, das noch nicht durch die schulischen Normen verunsichert wurde, sagen, zeichne mir ein Pferd, dann wird es Ihnen ein Pferd zeichnen, die Knie mögen falsch gebogen sein, aber an der Mähne und dem Schweif wird zu erkennen sein: das ist ein Pferd. Wenn Ihnen das Kind aber sagt, zeichne mir auch ein Pferd, dann werden Sie alles tun, damit Sie kein Pferd zeichnen müssen, denn Sie wissen genau, wie es aussehen müsste, und Sie wissen, dass Sie dieses Aussehen nicht hinkriegen. Das direkte Vertrauen in Ihre Gestaltungskraft ist Ihnen beim Grenzübertritt ins Erwachsenenland verloren gegangen.

Aber wir hoffen auf die Kinder. Wir erziehen sie zwar zum Erfüllen der Ansprüche, und trotzdem hoffen wir, dass sie sich ihre Spontaneität und Kreativität erhalten. Die Kinder spüren diesen Widerspruch, und wenn die Ansprüche zu groß werden, machen sie die Fenster zu.

Ich habe jahrelang mit dem Pantomimen René Quellet zusammen am Schweizer Fernsehen Kindersendungen gemacht, und wir haben es als »Franz und René« zu einer rührenden Popularität gebracht. Ich war derjenige, der wortreich durch die Handlung führte, und René, den ich gefragt hatte, weil ich einen Partner suchte, der das, was ich sagte, ohne Worte ausdrücken oder kontrastieren oder verzögern konnte, René hatte nur einen einzigen Satz: »I säge nüt!« Ich sage nichts. Auf diesen Satz warteten die Kinder, denn sie liebten René dafür. Und es ist wohl nicht ganz zufällig, dass es ein Verweigerungssatz ist. Ich habe von vielen Eltern gehört, dass das der Satz war, mit dem sich ihre Kinder gegen alle Ausfragerei und gegen jegliches Verhör wehrten.

Kinder sind die Botschafter des Lebens.

Jedenfalls hoffen wir das. Ich lese Ihnen meine Geschichte

Die Taube

Eine Taube flog über das Kriegsgebiet und wurde vom Rotorblatt eines Kampfhelikopters zerfetzt.

Eine ihrer schönen weißen Federn schwebte in den Hof eines Hauses, wo sie von einem Kind aufgelesen wurde.

Kurz darauf mussten die Großeltern und die Mutter mit dem Kind flüchten.

»Wir nehmen nur das Nötigste mit«, sagte die Mutter, raffte ein paar Kleider zusammen und stopfte sie mit ihren Dokumenten und etwas Geld und Schmuck in einen Koffer, der Großvater füllte zwei Flaschen mit Wasser, die Großmutter packte das letzte Brot, einige Äpfel und eine Schokolade ein.

Das Kind nahm die Feder mit.

Aber wir sollten nicht vergessen: Irgendwo, mitten unter uns, sitzt der anonyme Schüler, der einen Panzer auf sein Täschchen gezeichnet hat oder der dem Dichter den Tipp gibt, über Waffen und Krieg zu schreiben. Welche Nahrung hat er bekommen? Ist es der Phantasie gelungen, sich ihm zu nähern? Mit ihm zu spielen, ihn zu streicheln? Denn mit ihm haben wir zu rechnen, und eigentlich ist all unser Schreiben für Kinder nichts anderes als ein verzweifelter Versuch, ihn, und gerade ihn zu erreichen.

Poetik-Vorlesung für die Universität Zürich, Literaturhaus, 27. November 2003

Quellen:

»My story« von Anonymus, aus: »The Penguin Book of Irish Verse«, hrsg. Brendan Kennelly, London, 1981
»Weihnachten – wie es wirklich war« aus: »Der Riese und die Erdbeerkonfitüre«, Ravensburger Verlag, 1993 (heute in »Das große Buch«, Hanser, München, 2009)
»Der Pfingstspatz« aus: »Wegwerfgeschichten«, Zytglogge, Gümligen, 1974 (heute in »Das große Buch«)
»Der Granitblock im Kino« aus: »Das große Lalula«, hrsg. v. Elisabeth Borchers, Ellermann, München, 1971, heute in »Das große Buch«
»Der offene Kühlschrank« aus »Die Spaghettifrau«, Ravensburger, 1998 (heute in »Das große Buch«)
»Der König, ganz für sich« aus: »Der Granitblock im Kino«, Luchterhand, Darmstadt, 1981 (heute in »Das große Buch«)
»Die Zeichnung« aus: »Zur Mündung«, Luchterhand, München, 2000
»Made in Hongkong« aus: »Der Granitblock im Kino« (heute in »Das große Buch«)
»Die Taube« aus: »Das Ende eines ganz normalen Tages«, Luchterhand, München, 2008

Alle Geschichten von Kindern sind in Manuskriptform bei mir.

Der Dialekt

Wenn ich mit der S-Bahn vom Hauptbahnhof Zürich nach Oerlikon fahre und zum Wipkinger Tunnel herauskomme, lese ich auf der linken Seite die Aufschriften »Swiss Prime Site« und »Branding House«, und auf der rechten »Swissôtel«. Wende ich mich nach dem Aussteigen nach links, komme ich am »Cityport« und an »Price Waterhouse Cooper« vorbei zum »Hong-Kong Food Paradise« oder zu meinem Quartierlädeli, dem »Shopping Center Eleven«, und dann weiß ich: Jetzt bin ich zu Hause.

Wir wohnen in Häusern, an Straßen, in Dörfern, in Städten, in Ländern, aber wir wohnen auch in der Sprache. In welcher?

Die Jungen, so wird beklagt, wollen nur noch in einer englisch ausgestatteten Sprache wohnen, möbliert mit chillen, fooden, DJ, hey man, chicks, cool und shit.

Zwar bauen wir ihnen eine Welt, die so sehr anglifiziert ist, dass künftige Archäologen aus den Sprachresten wohl schließen müssten, die Schweiz sei eine amerikanische Kolonie gewesen, aber wir wundern uns, dass sie in dieser Welt nicht löije und schnöisle, sondern chillen und fooden.

Die Jungen mit Berufschancen müssen wählen, ob sie ins Asset Management oder ins Facility Management einsteigen wollen, ob sie sich zum Junior Investment Officer oder zum Group Controller ausbilden sollen. Die Köpfe der Betriebe tragen so oder so keine erkennbaren Namen mehr wie Direktor oder Personalchef, die eigentlichen Verantwortungsträger erkennt man daran, dass sie auch Abkürzungsträger sind wie CEO oder HR. Prüfen Sie sich doch ganz schnell, ob Sie wirklich wissen, wofür die Buchstaben dieser Abkürzungen stehen. Oder die wohl verbreitetste Tonquelle von heute, das MP3, über dessen Kopfhörer wir uns Rock- oder Symphonie-Infusionen verpassen können, was heißt das schon wieder?

Ob uns die globalisierte Sprache auch globaltauglicher macht? Die Milliarden der UBS gingen vor allem auf dem amerikanischen Markt verloren, also in der sprachlichen Heimat von Asset, Facility und Investment. Haben unsern Managern ihre englischen Berufsbezeichnungen auf irgendeine Weise genützt? Beim Controllen ihrer Group? No comment.

Die Befürchtung, das Schweizerdeutsche sei zum Untergang verurteilt, die heute oft zu hören ist, taucht nicht zum ersten Mal auf.

1862 forderte der Germanist Friedrich Staub dazu auf, die Dialekte festzuhalten, solange es sie noch gebe. »Auf keinem Boden«, schrieb er, »schleicht das Verderbniß so heimlich und darum so sicher wie auf dem unserer Mundarten«, und als einen der Hauptgründe für die »gleichmachenden und verschleifenden Züge der Zeit« sah er den »Eisenbahntaumel«, die aufkommende Mobilität also. Aus diesem Aufruf ging das Schweizerische Idiotikon hervor, das Standardwörterbuch der schweizerdeutschen Dialekte, das heute noch fortgeführt wird.

Am Anfang des 20. Jahrhunderts gab es Sprachforscher, die befürchteten, in Städten wie Zürich und Basel werde bald nur noch Hochdeutsch gesprochen. Das traf zu einem Teil sogar zu, wenigstens für die gebildeten Schichten.

Doch seit jeher ist zu beobachten, wie unsere Sprache eine

Leistung vollbringt, zu welcher die Politik so oft nicht im Stande ist: sie integriert, sie bürgert ein.

Es gibt kaum ein heimeligeres berndeutsches Wort als »tschou«. Das ist aber irgendeinmal aus Italien eingewandert, als »ciao«, während sich aus Frankreich der Coiffeur bei uns niederließ und die englischen Bergsteiger im 19. Jahrhundert für ihre Picknicks das Sandwich mitbrachten. Mani Matter hat es mit seiner Frage »Was isch es Sändwitsch ohni Fleisch?« endgültig eingebürgert.

Unsere Dialekte werden auch der englischen Sprachflut von heute gewachsen sein. Schreiben Sie statt »chillen« »tschille«, und Sie haben ein lustiges einheimisches Wort, dem Sie seine Herkunft nicht mehr anmerken. Wer immer das Internet benutzt, hat schon »Google« benutzt. »Guugle« gehört vom Klang her geradezu zum Urwortschatz, zwischen chrugle, guuge und juble; »mailen« und »stylen« werden mühelos zu gmeilet und gstäilet. »Shoppen« fällt klanglich sogar zusammen mit schoppen, das klein oder groß geschrieben mit verschiedenen Bedeutungen schon exisitiert und leicht noch eine Drittbesetzung erträgt.

Wer hätte 1948 bei ihrer Einführung gedacht, dass unsere Alters-und Hinterbliebenen-Versicherung als Ahafau einmal diesen wortähnlichen Unterton bekommen würde, und kaum erscheint ein Phänomen wie das SMS auf der Bühne des technischen Alltags (wissen Sie, wofür die Buchstaben stehen?) höre ich, dass jemand gessemmesslet het, oder noch schöner, gsimslet, was schon fast ans fensterlen erinnert, oder mindestens an ein leises Vogelgezwitscher, und was zweifellos ein echtes Mundartwort ist.

Die Sprache stirbt nicht am Fremden, sondern sie stirbt, wenn sie das Fremde fernhält statt es aufzunehmen. Eine

Sprache lebt nur, wenn sie sich verändert und entwickelt, sie ist zur Flexibilität geradezu verurteilt.

»Go hene go« von Endo Anaconda ist nicht ein versautes Stück Sprache, sondern ein starkes Stück Mundart von heute. Wenn Kuno Lauener von »Züri West« singt, »I finge d Schpinnele okay«, ist das nicht mehr dasselbe wie

»Nei, lueget doch das Spinnli a,
wie's zarti Fäde zwirne cha!«,

wie Johann Peter Hebel vor zweihundert Jahren dichtete, aber seltsamerweise rühren mich beide Bilder der Spinne, das vergangene wie das heutige, und niemand weiß, wie uralt einem in hundert Jahren das heutige Spinnelebild vorkommen wird.

Hebel hat seinen »Allemannischen Gedichten« den Untertitel hinzugefügt: »Für Freunde ländlicher Natur und Sitten«, der Mundartdichter Josef Reinhart hat seine erste Gedichtsammlung von 1898 »Liedli ab em Land« genannt, es stehen Verse darin wie

»Mir Lütli ufem Bärg deheim,
Hei nüt als Milch und Zieger.«

»Bluetbadbullschittläärloufmagerquark« singt Büne Huber mit »Patent Ochsner«. Die heutige Mundart ist urban, und ihre Dichter größtenteils auch.

Der Reichtum der neueren Dialektliteratur ist frappant, er ist ungleich größer als noch vor fünfzig Jahren und erscheint in Lyrik, Erzählung, Drama, Musical, Chanson, Kabarett, Satire, Performance, Song, Rock, Rap und Slam, oder Räpp und Släm.

Neben dieser Aufwärtsbewegung gibt es aber gleichzeitig eine Abwärtsbewegung in eine Rudimentärsprache der Interjektionen, Infinitive und grammatikalischen Schadenposten, mit der sich etwa die Immigranten herumschlagen, und ihr Kampf um die Sprache ist das Abbild ihres Kampfes um die Existenz. So ernst dieser ist, so komisch wirkt seine sprachliche Seite auf uns.

Ein Taxifahrer, der mich fragen wollte, ob ich die Hausnummer des Gebäudes nicht kenne, zu dem er mich fahren sollte, tat dies mit dem Satz: »Isch der Nummer waiss i nit?« Ich habe ihn verstanden. »Nei, waiss i nit der Nummer«, hab ich geantwortet.

Wir alle kennen die legasthenischen Aushangtafeln von Restaurants. Lichtjahre von der neuen wie der alten Rechtschreibung entfernt, versuchen sie uns zu Köstlichkeiten wie »Pizza Margerith«, »Gusgus« oder »Pouletgeschnetz« mit »kleine gemiste salad« zu verführen. Ärger über Zerfall und Verluderung oder Rührung über die offensichtliche Anstrengung, in unseren Normen anzukommen?

Solche Sprachformen können ohne weiteres zur Mode werden, wie der gutturale Balkanslang, »isch im Fall voll krass, Mann«, der gern auch von Jugendlichen gesprochen wird, die sich ebenso in der »Normalsprache« ausdrücken könnten.

Vielleicht ist unsere Dialektkultur ein Angsttrieb gegen das Absterben unseres Stammes, eine Trotzreaktion auf die Multikulturalisierung unserer Dorfplätze, ein Hilferuf auf der Suche nach Herkunft und Zukunft.

Sicher ist sie ein Lebenszeichen.

Wieso werten wir die Mundart so gering, dass sie nun schon im Kindergarten abgeschafft werden soll? Welche Instanz möchten wir da mit einem autonomen Nachvollzug besänftigen?

Und unsere Lieder? Hat s Vreneli ab em Guggisbärg gegen Molly Malone verloren? Sie hätten beide in unsern Schulzimmern Platz, genau so wie das Hochdeutsche und das Schweizerdeutsche. »Soviele Sprachen man spricht, soviele Herzen hat man«, hat Herder gesagt, der Sprachphilosoph und Volksliedersammler. Der bejammerten Verrohung der Jugendsprache wird jedenfalls durch ein Downgrading des Dialekts nichts entgegengesetzt.

Der Dialekt, davon bin ich überzeugt, wird länger leben als alle, welche ihn aus der Pädagogik verbannen wollen.

Schon längst ist zum Eisenbahntaumel der Autobahntaumel gekommen, und wir fahren in einer Stunde von Bern nach Zürich und umgekehrt, aber Friedrich Staub würde sich wundern, wenn ich ihm erzählen könnte, dass ich heute, 146 Jahre nach seinem Aufruf, immer noch jedem Secondo anhöre, ob er in Zürich, Bern, Basel, Chur oder St. Gallen aufgewachsen ist.

Unsere Sprachklänge haben einen Überlebenswillen, der sich wohl aus einer Naturkraft nähren muss, einer Kraft, die ähnlich wie der Frühling immer wieder kommt, und diese Kraft will ein Programm verwirklichen, das für jede Form des Lebens unabdingbar ist: Vielfalt.

Vielleicht ist es Zeit für einen Aufruf zur Gründung eines neuen schweizerdeutschen Wörterbuchs. Dieses Wörterbuch verstaubt dann nicht einfach in unsern Bibliotheken und linguistischen Seminarien, sondern dieses Wörterbuch, in dem »tschicks« und »tschille« neben »Tschumpeli« und »Tschütteler«, »snöbe« und »sörfe« neben »sädere« und »Sibesiech« und »Gitzi« und »Gürpsi« zwischen »gämble« und »guugle« steht, das sind Sie und ich und unsere Kinder und Enkelkinder. Go hene go!

Tschou zäme.

NZZ am Sonntag, 13. April 2008 unter dem Titel »Gömer ga guugle?«

Die Medizin

(am Boden liegend)
Herr Doktor! Frau Doktor!

Haben Sie einen Moment Zeit?

Ich wollte Ihnen nur kurz zu Ihrer Diplomierung gratulieren und meiner Hoffnung Ausdruck geben, dass Sie Ihren Beruf auch ausüben können und dass Ihnen der Umgang mit uns Patienten Freude machen wird.

Wir, die Patienten, sind gewöhnlich die Schwächeren, und Sie, Herr und Frau Doktor, sind gewöhnlich die Stärkeren. Wenn Sie uns gegenübertreten, dann geht es Ihnen gut, und uns schlecht. Sie erleben uns als halb ausgezogene Jammerlappen, die wir nicht dann zu Ihnen kommen, wenn es uns gut geht, sondern nur dann, wenn es uns schlecht geht. Das ist das ewig Ungerechte im Verhältnis Arzt/Patient. Wir liegen da, und Sie beugen sich über uns, und auch wenn Ihnen nichts zu unserm Zustand einfällt, werden Sie uns Pillen, Salben, Zäpfchen und Brausetabletten verschreiben, werden uns Spritzen geben oder geben lassen und Infusionsdosen festlegen, denn dafür sind Sie schließlich in einem langen Studium knapp am Numerus clausus vorbei ausgebildet worden.

Mir geht es, dies zu Ihrer Beruhigung, zur Zeit gut. Ich liege nicht als Patient vor Ihnen, sondern als Redner. Ich halte eine Ansprache. Ich bin Ihr Ansprechpartner, und Sie sind meine Ansprechpartner.

Wenn es Ihnen schwerfällt, auf meine Worte zu hören,

wenn Sie denken, wann steht er endlich auf und spricht normal mit uns, dann haben Sie schon eine kleine Erfahrung gemacht, die ich Ihnen in Ihrer beruflichen Tätigkeit dringend wünsche. Sie müssen einen Menschen auch dann als normalen Ansprechpartner sehen, wenn er vor Ihnen liegt. Versprechen Sie mir das, Herr Doktor, Frau Doktor?

Also gut, dann stehe ich auf.

(steht auf)

Als Patienten sind wir in Ihrer Hand.

Was sollen wir sagen, wenn Sie uns mitteilen, welches die richtige Therapie für uns ist? Dass eine Operation das Beste wäre oder dass eine Operation in diesem Fall sinnlos sei?

Sie sind diejenigen, die auf einem Röntgenbild eine Aufhellung sehen, die für mich bedeutungslos ist – wenn mir der Urologe auf dem Bildschirm meine Prostata zeigt, dann grüße ich sie zwar erfreut, wie jemanden, dessen Bekanntschaft man gerade macht, aber auf der Straße würde ich sie nicht wiedererkennen, nicht einmal auf dem nächsten Ultraschallbild. Der Urologe jedoch, der sich täglich unter Vorsteherdrüsen bewegt, wird sie sich merken können, hoffe ich, und mich irgendeinmal mit besorgtem Blick auf ihre Veränderung aufmerksam machen und auf die Folgemaßnahmen, die sich daraus ergeben.

Ich muss zugeben, dass ich den Blick in meine Innereien nur schlecht ertrage. Als ich mich einmal wegen chronischer Schulterschmerzen einem sogenannten Needling unterzog, wurde ich vom ausführenden Arzt freundlich eingeladen, meine Operation am Fernsehschirm live mitzuverfolgen, was ich schaudernd von mir wies. Transparenz in Ehren, aber nicht, wenn in meinen eigenen Ablagerungen herumgestochert wird. Meine Phantasie rebelliert schon gegen gewöhnliche Spritzen, deshalb kann ich auch keine Reportagen über das Drogenproblem ansehen, weil dort unweigerlich eine Großaufnahme eines abgebundenen Armes und einer Injektionsnadel zu sehen ist, die in die leicht angeschwollene Vene sticht. Wenn ich im Herbst jeweils in die Praxis meines Hausarztes komme, um mich gegen Grippe impfen zu lassen, sagt die Arztgehilfin schon vorsorglich: »Sie wollen sich doch hinlegen, nicht wahr?«

Was das Needling betrifft, werden übrigens inzwischen, wie Sie hoffentlich wissen, schon andere Verfahren angeboten, in denen z. B. meine verbliebenen schmerzenden Kalkbrosamen mittels Ultraschall zu einem bedeutend höheren Tarif zertrümmert werden sollen. »Das typische Bild nach einem Needling« sagt die Ultraschallkapazität voller Mitgefühl. Oha, da hab ich etwas verpasst, vor wenigen Jahren war das Needling noch das Neuste und Beste, und schon werde ich bemitleidet, weil ich mich damals mit dem Neusten und Besten kurieren lassen wollte.

Es wird viel verlangt von uns, den Patienten; auch wenn wir stehen oder sitzen, müssen wir uns entblößen vor Ihnen oder treten in Pyjama und Nachthemd auf, um uns von Ihnen das jeweils Neuste und Beste schildern zu lassen. Dabei vergessen Sie und ich leicht, dass es sich NICHT um das Beste handelt, sondern nur um das, von dem zur Zeit vermutet wird, es sei das Beste.

Viellleicht, und das befürchte ich, dauert es nicht lange, und auch Sie glauben tatsächlich an das, was Sie sagen, mehr noch, Sie reagieren betupft, wenn ich mir eine eigene Meinung erlaube oder Ihren Therapievorschlag gar ablehne.

Woher denn diese Skepsis? Schließlich soll Ihr Studienplatz 20 000 oder sogar 100 000 Franken im Jahr kosten, für diesen Betrag werden Sie doch auch etwas gelernt haben.

Ich erzähle Ihnen dazu zwei Geschichten.

Eines Tages entdeckte ich an mir ein seltsames Phänomen. Als ich zum ersten Mal im Jahr im See schwimmen ging, bedeckte sich mein ganzer Körper mit einem heftigen Ausschlag, der mir sogar Atemnot verursachte. Das Phänomen wiederholte sich von da an immer, wenn ich mit kaltem Wasser in Berührung kam, und schon nur, wenn ich Arme und Beine kalter Luft aussetzte, etwa beim morgendlichen Waldlauf, durch den ich das Schwimmen im See ersetzt hatte.

Der Hautarzt, den ich (dann) aufsuchte, wusste, und dafür war ich schon dankbar, sofort einen Namen für das Phänomen, er nannte es Kälte-Urticaria. Solche Namen entlasten uns Patienten zunächst einmal, denn sie säuseln uns zu: »Du bist kein Einzelfall, wir kennen das, damit werden wir schon fertig.«

Aber wie?

Der Hautarzt schlug mir eine Kur mit einer hohen Dosis eines Breitspektrum-Antibiotikums vor, die er mir regelmäßig injizieren werde, gab sofort zu, dass man nicht genau wisse, weshalb es wirke, aber es wirke.

Ich wagte einzuwenden, dass ich mir den Einsatz von Antibiotika lieber für schwere Infektionen vorbehalten möchte, und fragte, ob denn diese Urticaria nicht auch eine Folge von Stress sein könnte, was er, selbst mit allen Zeichen des gestressten Erfolgsarztes ausgestattet – er hatte insgesamt 3 Sprechzimmer, in denen man auf ihn warten musste, und eilte mit wehendem Mantel vom einen zum andern –, was er also rundweg ausschloss. Als er sah, dass ich mich meinerseits seinen Antibiotikaschüssen nicht aussetzen wollte, verschrieb er mir ein Medikament, das in der Apotheke nur mit einem Drogenschein zu bekommen war, und ich beschloss, auch dieses nicht zu nehmen und stattdessen mit diesem Nesselfieber zu leben und eben vorläufig kaltes Wasser zu meiden. Vielleicht, sagte ich mir, gibt es auch schon eine Kälte-Urticaria-Selbsthilfegruppe, wo man sich gegenseitig mit kaltem Wasser übergießt und dann mit gemeinsamen Schreien den Juckreiz erträgt oder wo zum Trost Ausflüge in warme Thermalbäder veranstaltet werden. Aber der Sommer kam, das Wasser im See wurde wärmer, der Stress meiner Auftrittssaison verschwand, und mit ihm der Ausschlag.

Nur nebenbei: Haben Sie die Krankenkassen-Studie gelesen, wonach 34,5% der Medikamente, die von den Ärzten verschrieben werden, von den Patienten zwar gekauft, aber NICHT EINGENOMMEN ODER ANGEWENDET WERDEN? Damit werden Sie leben müssen, und es wird zu Ihren Aufgaben gehören, herauszufinden, was der Patient WIRKLICH genommen oder gemacht hat, wenn er Sie lächelnd anlügt, weil er eben Ihre Autorität doch fürchtet... Sie kennen diese Studie nicht? Ich auch nicht, ich habe sie soeben erfunden, um kurz Ihre Resistenz auf Prozentzahlen zu prüfen. Sie klingen immer so überzeugend, aber letztlich bedeuten sie nichts.

Die zweite Geschichte ist weniger harmlos.

Eine Bekannte von mir, die ich kürzlich nach längerer Zeit wieder traf und die ich nach einem erschrockenen Blick auf ihr Gesicht fragte, wie es ihr gesundheitlich gehe, sagte mir, sie hätte eine Kiefernekrose, und die Geschichte, die sie mir dazu erzählte, war, dass sie sich vor 20 Jahren in einem der renommiertesten Schweizer Spitäler den Kiefer bestrahlen lassen musste und dass man ihr heute, nach dem Studium der damaligen Krankengeschichte, sagte, so hohe Dosen würde man heutzutage niemals mehr anwenden. Dazu stelle ich mir das besorgte Gesicht ihres damaligen Arztes vor, der ihr bestimmt gesagt hat, das sei ihre einzige wirkliche Chance, mit dem Tumor fertig zu werden.

Sie müssen sich bewusst sein, liebe Frau Doktor, lieber Herr Doktor, dass Ihre besorgten Gesichter für uns Patienten immer auch Drohungen sind.

Ich weiß, Sie wollen mein Bestes, aber vielleicht gebe ich es Ihnen nicht. Seien Sie bitte nicht böse, wenn ich Ihnen nie ganz glauben werde.

Habe ich nicht gerade von einer amerikanischen Studie gelesen, die zur Erkenntnis kam, dass scharfes Essen nicht, wie bis anhin angenommen, hohen Blutdruck verursacht, sondern nur fettes und süßes Essen, und ich warte nun auf die europäische Studie, die auch mit dem Mythos vom fetten und süßen Essen und seiner schädigenden Wirkung aufräumt, dann kann ich die Margarine im Kühlschrank wieder durch Butter ersetzen und brauche nicht bei jedem Kaffee, den ich bestelle, den Invaliditätszusatz »mit Assugrin bitte« hinzuzufügen.

Auch damit werden Sie zu kämpfen haben, dass wir alle so informiert sind. Immer haben wir gerade irgendwo gelesen oder letzthin am Fernsehen gesehen oder neulich am Radio gehört... denn Gesundheit ist für die Medien ein Dauerbrenner. Letzte Woche war auf dem Titelbild des »Spiegel« und auf dem Titelbild seines kleinen Schweizer Bruders »Facts« eine nackte Frau zu sehen, und selbstverständlich ging es in beiden Titelgeschichten nicht um Pornographie, sondern um Medizin. Auch die Titel »Krankheitsfall Medizin« und »Wie gesund bin ich?« mit dem Test »Was Sie über sich wissen müssen«, werden Ihnen in irgendeiner Form wieder entgegenkommen. Häufig, und auch das Ihr Pech, sind wir nämlich nicht mehr ganz sicher, wo wir das von der amerikanischen Studie gelesen haben und ob es nicht möglicherweise um das Herzinfarktrisiko ging, das durch Pfeffer und Salz relativ unbeleckt bleibt. Oh, oder hängt das Herzinfarktrisiko nicht auch mit dem Blutdruck zusammen, oder war es der Cholesterinspiegel, oder wo ist die erlösende Studie, die mir sagt, dass ich essen und trinken kann, was ich will und so viel ich will? Es gibt sie schon, die Studie, wir selber schreiben sie jeden Tag, wir müssen einfach bereit sein, die Konsequenzen daraus selber zu tragen, und wieso sollen wir uns von Ihren besorgten Gesichtern davon abhalten lassen, die Todesursache für uns auszulesen, die am besten zu uns passt?

Denn eigentlich brauchen wir keine einzige wissenschaftliche Untersuchung zu lesen, um zu wissen, dass Bewegung unserem Körper guttut, dass ihm zu viel Essen nicht guttut, zu viel Alkohol auch nicht und zu viel Rauchen auch nicht.

Aber in vielen Fällen brauchen wir Sie, Herr und Frau Doktor, nur deshalb, weil wir eben nicht das tun, von dem wir wissen, dass es richtig wäre. Ich nehme mich da nicht aus, im Gegenteil, jetzt gerade stehe ich als Beispiel eines Menschen vor Ihnen, der etwas mehr macht, als ihm eigentlich guttäte. Zur Zeit trete ich jeden Abend im »Theater am Hechtplatz« auf und habe zuerst, als die Anfrage für diese Diplomfeier kam, abgesagt, aus Gründen der Vernunft eines erwachsenen Menschen, und dann, als der junge Diplomand nicht locker ließ, habe ich, entgegen der Vernunft, meinem Gefühl der Rührung nachgegeben, dass Sie etwas von mir hören wollen, und habe das damit gebüßt, dass ich diese Woche tagsüber auch noch an diesem Vortrag arbeiten musste. Aber da ich ohnehin tagsüber immer auch noch arbeite, kommt es vielleicht nicht so drauf an, und auch von Ihren fortgeschrittenen Kolleginnen und Kollegen höre ich ja, dass sie 60 bis 70 Stunden pro Woche arbeiten, dass also auch sie bar jeder Vernunft ihr eigenes Wohlbefinden und vielleicht auch das ihrer Umgebung in den Hintergrund stellen, oder schärfer gesagt, misshandeln. Diejenigen unter Ihnen, die sich anschicken, die Erfolgsleiter hochzuklettern, werden sich wohl darauf einrichten müssen, dass sie ihre Segelboote und Ferienhäuser nie richtig werden brauchen können, dass ihre Partnerinnen oder Partner zu Hause unzufrieden sind und dass sie für ihre Kinder in entscheidenden Momenten nicht da sein werden.

Ob das mit ein Grund ist, dass – und jetzt sage ich eine Prozentzahl, die ich nicht erfunden habe, sie steht im Jahresbericht der Uni Zürich von 1997 – zwar 50% der Studienanfängerinnen und –anfänger in der medizinischen Fakultät Frauen sind, aber nur 7,4% aller Chefärzte an den Zürcher Spitälern Frauen? Ich halte die Frauen generell für vernünftiger als die Männer, wir Männer sind kindisch, wir sammeln gern Glanz und Gloria, wir quälen uns mit Sinfonien, verpackten Reichstagen und Lebertransplantationen ab, bis wir umfallen, und vielleicht sagen sich die Frauen einfach, diesen Scheiß mach ich nicht mit. Ich hoffe allerdings, dass das Bild, das dadurch entsteht, nicht zu einem Bild der Fähigkeiten wird, mit andern Worten, dass man den Frauen weniger zutraut als den Männern, das wäre ein fataler Irrtum, und ich hoffe, dass Frauen, die sich eine solche Karriere wirklich zumuten wollen, von Ihrer Männerbastion, denn das sind Sie, meine Herren Chefärzte und Professoren, nicht abgewiesen werden. Heute erhalten 137 Männer und 110 Frauen ihr Diplom, ich frage dann in 20 Jahren wieder nach. Besser wäre im übrigen, nach Möglichkeiten zu suchen, wie man Ihren Beruf überhaupt menschlicher gestalten könnte, wie man darin also auch bestehen kann, ohne ein Workoholic zu werden. Wenn es üblich ist, dass Professoren, die auch eine Klinik leiten, die Hälfte ihrer Vorlesungen von Assistenzärzten halten lassen, wieso dann nicht gleich die Assistenzärzte zu

Dozenten machen, die sich beim Klinikleiter mit seiner Erfahrung ihren Rat holen können?

Hier stehen wir vor dem weiten Gebiet der Organisation des Gesundheitswesens, und damit habe ich mich nie besonders beschäftigt, deshalb möchte ich dieses Gebiet gar nicht betreten, denn alles, was ich davon mitbekomme, sagt mir, dass es mit Minen und Selbstschüssen gespickt ist. Die Kosten für unser körperliches Wohlergehen haben sich, so las ich gestern, in den letzten 12 Jahren verdoppelt. Ich habe gleichaltrige Schulkollegen, die Ärzte geworden sind und mit einer Verbitterung von Frau Dreifuß* sprechen, als hätte sie sie allesamt persönlich zu Barfußmedizinern degradiert und als trage sie die alleinige Schuld, dass sich nicht auch ihr Einkommen verdoppelt hat, und zwar höre ich das gleichermaßen von Allgemeinpraktikern wie von Spitzenmedizinern.

Wenn ich aber eine allgemeine Bemerkung dazu machen darf: Wir, die heutigen Menschen in den angenehmen Ländern, leben in jeder Beziehung über unsere Verhältnisse. Wir brauchen zu viel Wohlstand, wir brauchen zu viel Energie, wir brauchen zu viel Ressourcen, und wir brauchen, so mein Gefühl, auch zu viel Medizin. Wenn Sie in einer bolivianischen Apotheke Tabletten kaufen wollen, werden Sie gefragt, wieviel Stück Sie brauchen, und Sie werden viele Menschen sehen, die sich eine Tablette kaufen, oder zwei oder drei. Dass sich jemand ein Päckchen kauft, ist die Ausnahme.

Hierzulande sind wir aber bereits beim 93 g leichten Kunstherz angelangt, über das ich vergangene Woche in der

* Ruth Dreifuß, schweiz. Bundesrätin von 1993-2002, Vorsteherin des Eidg. Departements für das Innere und damit Gesundheitsministerin.

Basler Zeitung ein Interview mit dem Basler Kardiologie-Chef gelesen habe, in dem ein leises Bedauern zu spüren war, dass die Zürcher die Ersten waren. Gleichzeitig lese ich, dass wir in der Schweiz vier Zentren für Lebertransplantationen haben, die alle ein bisschen zu wenig zum Operieren kommen, die also auf Organspender und die zugehörigen Empfänger geradezu lauern, und dass sich eine Krankenkasse geweigert hat, die Kosten von 250000 Franken zu übernehmen.

Aber es gibt alle diese Möglichkeiten, und Sie werden sich in diesem menschlichen Ersatzteil-Labyrinth bewegen müssen, und solange ich nicht persönlich in der Situation bin, dass man mir mit besorgtem Blick eine Transplantation vorschlägt, weiß ich nicht, wie ich darauf reagieren würde. Bestimmt aber würde ich mich zu vergewissern versuchen, ob ich nicht einfach als Übungsobjekt herhalten muss, damit das betreffende Zentrum auf seine vorgesehene minimale Anzahl Operationen kommt, denn auch das, lieber Herr Doktor, liebe Frau Doktor, traue ich Ihnen zu.

Wenn ich eine Intensivstation sehe, dann denke ich, ohne technisches Interesse kann man hier nicht Arzt sein. Ich bin ein Mensch, dem jegliches technische Interesse abgeht, ich langweile mich sofort, wenn ich z. B. in einem Tonstudio, das im Übrigen mit seinem Kabel-, Boxen- und Schaltpultwirrwarr aussieht wie eine Intensivstation für Musik, jemand mit besorgtem Blick sagt, er müsse abklären, ob der ganz leichte Brumm von der Kanalschaltung oder von der Phantomspeisung komme. Ich wünsche Ihnen viel Spaß im Umgang mit den Geräten, und auch mit all den digitalen Spielzeugen, den Kleinkameras und den Sonden und Ballonen, die Sie in unsere Körper schicken, und lesen Sie keine Gebrauchsanweisungen, die sind nur dazu da, um Sie zu demütigen, sondern lassen Sie es sich von jemandem erklären, der es auch nicht ganz versteht – dann können Sie gemeinsam die richtigen Fragen stellen.

Und irgendeinmal, schon bald, werden Sie sich damit beschäftigen müssen, wie lange Sie die Geräte noch laufen lassen wollen. Wir sind ja durch unsere Ernährung und durch unsere Vitamintabletten und blutdrucksenkenden und blutdruckerhöhenden Medikamente so unverschämt gesund geworden – oder sagen wir: wir sind haltbarer geworden, wir haben unser Verfalldatum hinausgeschoben –, dass es uns immer schwerer fällt, uns aus dem Leben zu verabschieden. Das Leiden, das wir während des Lebens dank der Medizin vermeiden konnten, meldet sich am Schluss zurück, es lässt sich in den Pflegeheimen nieder, wo die Menschen sitzend, liegend, auf Rollstühlen und in Gitterbetten, laut stöhnend oder leise murmelnd vor sich hin dämmern und die letzte Rechnung für all ihre Grippeimpfungen und Rehabilitationen bezahlen. Leicht werden Sie es nicht haben: Zuerst verlangt man von Ihnen, dass Sie den Tod vermeiden, Sie sollen ja, so steht es, glaube ich, im hippokratischen Eid, das Leben erhalten, solange es geht, aber heute müssen Sie immer mehr auch Sterbeberater werden.

Einem Onkel von mir hat man kürzlich mitgeteilt, sein Krebs sei so fortgeschritten, dass man nichts mehr machen könne. Er war schockiert und war froh, dass man im andern Spital, in das er verlegt wurde, mit einem Bestrahlungs- und Chemotherapieprogramm anfing, denn was er brauchte, war Hoffnung. Gleichzeitig erschöpfte und strapazierte es ihn in einem bedauernswerten Maß, das ihn bis zu seinem Tod zum »Fall« machte. Auf Sie wird die schwierige Aufgabe zukommen, wie Sie mit diesen Problemen umgehen, ob Sie die menschliche Mitte zwischen diesen beiden Polen finden und erst aus dieser menschlichen Mitte die medizinischen Mittel ableiten.

Ein Direktor eines Atomkraftwerks, mit dem ich diskutierte, hat mir einmal gesagt, er sei dazu ausgebildet worden, Strom zu erzeugen, und nun sollte er auf einmal Philosoph sein. Ich habe ihn zu dieser Einsicht beglückwünscht, und ich hoffe, dass sie auch Sie, liebe Frau Doktor, lieber Herr Doktor, in irgendeiner Form erreichen wird.

Nun sind wir bei den letzten Fragen angelangt, und ich habe mehr oder weniger theoretisiert, aber da ich Schriftsteller bin, möchte ich Ihnen auch noch eine kleine Erzählung vorlesen. Sie heißt »Der Sterbende« und schildert den Tod eines Arztes.

Der Sterbende

Zum Entsetzen seiner Frau hat er in der kurzen Zeit, als ich an der Haustüre klingelte, eintrat, sie begrüßte und meinen Mantel auszog, sein Bett verlassen, ist ans Fenster getreten und will es öffnen. Sie bittet ihn, wieder ins Bett zu gehen, er lässt sich sofort überzeugen, und ich helfe ihr, ihn hinzulegen. Ganz leicht ist er geworden, der 88jährige, und als er wieder daliegt, wie man das von einem Sterbenden erwartet, und sogar seine kalten Hände über dem Leintuch gefaltet hat, erklärt er mir, warum er aufgestanden sei. Man müsse, sagt er, unbedingt zum Fenster hinausrufen: »Vivent les boules rouges – toutes allumées!« Ob ich das für ihn tun solle, frage ich ihn, und als er nickt, öffne ich das Fenster und rufe mit lauter Stimme in den Garten: »Vivent les boules rouges – toutes allumées!« Draußen herrscht, von seiner Frau und mir bisher unbemerkt, ein großer Betrieb. Auf dem Kanal führen jetzt, sagt der Sterbende, kräftige Burschen »mit ihrne Weidlig« hin und her, mit großen Booten also, die sie mit Stehrudern und Stangen bewegen. Es seien auch drei starke Männer dabei, einer davon sei der Schnetzelmann.

Ich habe einen großen sommerlichen Blumenstrauß mitgebracht. Als ich mit seiner Frau zusammen eine Vase ausgesucht habe, stelle ich den Strauß so in sein Zimmer, dass er ihn vom Bett aus sieht. Er lässt sich das Kopfende höher stellen und sagt dann, nun müsse man kontrollieren, ob es noch weitere solcher Sträuße gebe. Das sei der einzige, sagt seine Frau, und ob er wisse, wie die großen gelben Blumen darin heißen. Er überlegt lange, wie er die Sonnenblumen nennen soll und entscheidet sich dann für den Namen Rossblumen.

Morgen möchte er übrigens, sagt er, wieder seine Kleider anziehen. »Morgen ist Sonntag«, entgegnet seine Frau, »und morgen machen wir gar nichts.« Aha, Sonntag, sagt er und gibt dann bekannt, er möchte in die St. Ursenkirche, wir sollen ihm seine Kleider bereit machen, und dann könne ihn ja sein Sohn abholen. Solothurn sei eine Stadt mit sehr viel Wasser, fügt er hinzu, und ob ich das Wasser vor dem Fenster sehe. Solothurn, antworte ich, habe einen wunderbaren Fluss, die Aare, aber den Zürichsee sehe ich nicht direkt vor dem Fenster, der käme erst etwas weiter hinten. So viel Wasser ringsum, und er ist am Vertrocknen, er trinkt zu wenig, und nicht einmal durch den Infusionsschlauch nimmt sein alter Körper genügend Flüssigkeit auf.

Unvermittelt fragt mich der Sterbende, ob morgen ein besonderer Sonntag sei. Ich überlege einen Moment und sage dann, morgen sei eine Abstimmung. So, eine Abstimmung. Er atmet tief auf und sagt, dann hoffe er, dass wir eine gute neue Verfassung bekämen. Das hoffe ich auch, sage ich, und ich werde auf alle Fälle für die neue Verfassung stimmen.

Dann gehe es vielleicht heute Nacht um zehn Uhr los mit

dieser Stimmerei, sagt er, er werde uns jetzt entlassen und werde sich etwas bequemer fouragieren. Das muss ein Militärwort sein, während ich mir zu den Appliquen, die er an der kahlen Decke sieht, gar nichts mehr vorstellen kann. Beim Blick auf die Streifen der Tapeten sagt er, da seien ja lauter Stimmbänder, ob ich die mitgebracht habe. Nein, sage ich, die seien schon da gewesen, und als ich ihm zum Abschied die Hand reiche, danke ich ihm für seine Tochter, denn sie ist meine Frau. Da müsse ich, sagt er lächelnd, auch seinem Vater danken, ohne den wäre er nicht hier, und auf einmal werden seine Augen feucht, und er dankt mir, dass ich seine Tochter geheiratet habe, denn wir zwei gäben ein gutes Paar ab. Ich wünsche ihm gute Ruhe und gehe hinaus, und als ich später das Haus verlasse, passe ich auf, dass ich nicht in den Kanal falle, über welchen die kräftigen Fährleute ihre Gäste zum großen Fest bringen, für das schon alle roten Lampen leuchten, zu Ehren der neuen Verfassung.

Lieber Herr Doktor, liebe Frau Doktor, lassen Sie uns bitte gehen, wenn es Zeit ist für uns, aber ich hoffe, Sie haben vorher noch viel Zeit, unsere unerklärlichen Ausschläge, Rücken-, Kopf- und Gliederschmerzen zu behandeln oder gemeinsam mit uns darüber nachzudenken, woher sie kommen und auf welche Weise wir sie am besten ertragen können.

Ansprache zur Staatsexamensfeier am 13. November 1999 im Grossmünster Zürich

Die Literatur

In Solothurn verwandelt sich einmal im Jahr die kurze Strecke vom Palais Besenval bis zum »Kreuz« und zum Landhaus in eine literarische Landschaft. Diese kurze Strecke wird verblüffend lang, denn sie ist mit einer Art weltvergrößerndem Stoff angereichert, es ist, als geselle sich zur Materie des Straßenbelags, der Häuser, der Tische, der Stühle und Stände die Antimaterie der Sprache, der Ideen, der Träume und bringe Raum und Zeit durcheinander. Die paar Schritte vom »Kreuz« ins Landhaus können, wie im Nô-Theater, zu einer Reise werden, weil man unterwegs auf Gedanken prallt, weil Worte wie Starenschwärme niedergehen, weil man in den Schatten von Fragezeichen gerät und sich von direkter Rede umstellt sieht, und dann sind mittendrin, das macht die Landschaft noch unsicherer, so viele Leibhaftige da, die einem das Jahr hindurch nur in ihrem sprachlichen Astralleib begegnen.

So kann es durchaus sein, dass man vom »Kreuz« zu einer Lesung ins Landhaus aufbricht, ohne jemals dort anzukommen.

Habe ich vor dem »Kreuz« nicht soeben noch Niklaus Meienberg und Otto F. Walter an einem Tischchen sitzen sehen, nachdem sie sich öffentlich über Meienbergs »Subrealismus«-Rüge zerzaust hatten, und habe ich sie damals nicht gefragt, ob sie jetzt wieder miteinander sprächen, denn der eine blickte mit hochrotem Kopf auf seinen Aschenbecher, in dem er die nicht ganz fertig gerauchte Zigarette ausdrückte, und der andere starrte mit dem Blick eines Raubvogels auf weitere Opfer in der Szene. Beide beteuerten ihre Dialogfähigkeit, die aber wenig später wieder zerfiel, als Meienberg die Summe nannte, die Otto F. Walter vom Schweizerischen Literaturarchiv für seinen Nachlass bekommen hatte oder bekommen haben sollte.

Und habe ich nicht beim Anblick von Claude Simon zugeben müssen, dass ich ihn bereits für tot gehalten hatte, weil ich so lange nichts von ihm gehört, geschweige denn gelesen hatte, und von Ismail Kadare, dem Albaner, wusste ich auch nicht sicher, ob er überhaupt existierte oder ob er als General einer toten Armee unter den Legenden abzubuchen sei, doch die Hand, die ich ihm drückte, war echt, und zu sagen hat man sich manchmal erstaunlich wenig. Trotzdem erliege ich fast jedes Jahr wieder der Gravitationskraft der unendlichen Strecke zwischen »Kreuz« und Landhaus, vielleicht sehe ich heuer am Meienberg-Walter-Versöhnungstischchen Gottfried Keller mit Thomas Hürlimann über Europa streiten, und Gottfried Keller wäre ohnehin etwas verärgert, weil sein Vorschlag, Theodor Storm als ausländischen Gast einzuladen, von der Frauenmehrheit in der Programmkommission abgelehnt worden wäre, zugunsten von Bertha von Suttner und ihrem Antikriegsroman »Die Waffen nieder!«, und Mariella Mehr wirft am Nebentisch dem verdutzten C. F. Meyer vor, das Zigeunerklischee nicht hinterfragt zu haben, und ihr großer Hund knurrt bedrohlich unter dem Tisch hervor, während an der engen Bartheke im »Kreuz« Friedrich Glauser jeden, der vorbeigeht, um etwas Stoff bittet, Peter Bichsel sagt ihm, er habe keinen, aber er kenne jemanden, der ihm da vielleicht weiterhelfen könne, während ihn Adolf Muschg besorgt fragt, ob er sich nicht bei »Pro Helvetia« um ein Entzugsprogramm kümmern solle, das man vielleicht als

Werkbeitrag deklarieren könnte, und zuäußerst auf einer Bank sitzt C. F. Ramuz im Gespräch mit Monique Laederach und Anne Cuneo, und kein Deutschschweizer dabei, und ich nehme mir schon jetzt vor, ihn zu fragen, nach welchen Prinzipien er in seinen Romanen vom Imperfekt ins Perfekt und Präsens wechsle, wenn ich auf dem Weg zu einer Lesung im Landhaus nur kurz bei ihm stehen bleiben werde.

Vielleicht schaff ich's aber doch noch in einen Workshop oder eine Diskussionsrunde, denn da werden immer wieder die Fragen gestellt, die gerade jetzt gestellt werden müssen: Kann Literatur? Darf Literatur? Soll Literatur? Muss Literatur?

Keine Krise, die nicht im Gemeinderatssaal oder in der Säulenhalle benannt, erkannt und eloquent analysiert, wenn nicht gar niedergerungen wurde, die Krise der Lyrik, die Krise des Theaters, die Krise des Romans, die Krise der Kritik, die Krise der Mundartliteratur.

Kein Ende, das hier nicht diagnostiziert und debattiert wurde, das Ende der Innerlichkeit, das Ende der Sachlichkeit, das Ende der engagierten Literatur und das Ende des Elfenbeinturms, und wenn alles besprochen und erschöpfend behandelt worden ist und einen Moment lang niemand mehr etwas sagt, kommt ein frecher junger Kerl und fragt: Warum schweigen die Schriftsteller? Und sofort fängt alles wieder von vorne an.

Als sich vor dreißig Jahren Otto F. Walter, Rolf Niederhauser und Fritz H. Dinkelmann mit Noldi Lüthy, Hanspeter Rederlechner und Vrony Jaeggi zusammensetzte, hatten sie eine Idee, und die war: wir könnten doch in Solothurn Literaturtage veranstalten. Gute Ideen sind manchmal so einfach, dass sie fast niemand sieht, obwohl sie schon lange herumliegen, oder -schweben. Es muss einfach jemand dran glauben, in Montreux und Willisau an den Jazz, in Rauris und Solothurn an die Literatur.

Und inzwischen waren sie fast alle da, von Max Frisch bis zu Günter Grass, von Adelheid Duvanel bis zu Friederike Mayröcker, von Alain Robbe-Grillet bis zu Agota Kristof, von Ernst Jandl bis zu Robert Gernhardt, nur Dürrenmatt wollte nicht kommen: da sollen die Jüngeren hin, sagte er, und Handke kam auch nicht, da sollen die Älteren hin, sagte er.

Es waren viele da, es waren geradezu erschreckend viele da.

Klaus Merz erzählte mir, als er zum ersten Mal an die Solothurner Literaturtage gekommen sei, nicht als lesender Autor, sondern als Besucher, habe er vor dem »Kreuz« alle sitzen sehen, den Marti, den Bichsel, den Steiner, die Pedretti, den Federspiel, den Walter, und sei sofort wieder umgekehrt und nach Hause gefahren, im sicheren Bewusstsein: Da gehörst du nicht hin.

Ich erinnere mich auch, wie Alex Gfeller einmal aufgestanden war beim Samstagabendessen und sagte, er sei hierhergekommen, weil die Tage angepriesen worden seien als ein Ort der Begegnung, wo Autoren mit andern Autoren und mit Leserinnen und Lesern ins Gespräch kommen könnten, wo das Publikum hautnah in Kontakt mit den Schriftstellern käme und der Schriftsteller ebenso mit seinem Publikum; er sei nun zwei Tage da gewesen, und mit ihm habe niemand das Gespräch gesucht, niemand habe ihn angesprochen, um etwas von ihm über seine Literatur zu erfahren, niemand habe mit ihm in Kontakt kommen wollen, hautnah schon gar nicht, deshalb reise er jetzt wieder ab.

Auch das ist möglich an den Literaturtagen, auch das ist ein mögliches Bild dieser Veranstaltung, eine literarische

Milchstraße mit lauter Planetensystemen, die um sich selbst kreisen, und dazwischen ein paar Kometen, die ratlos verzischen.

Wenn eine der Hauptbeschäftigungen an den Literaturtagen die ist, sich schon zu kennen, genügt das wohl nicht ganz. Ich nehme mir jedenfalls immer vor, hier auch neue Planeten kennen zu lernen, aufgehende Gestirne, die heute noch zwischen »Kreuz« und Landhaus ihre Bahn ziehen.

Denn hier, das zeigt ein Blick auf die Gästeliste der letzten dreißig Jahre, sind viele Junge aufgetreten, die später auch zu denen gehörten, die man kannte, und Solothurn hat dazu beigetragen, sie bekannt zu machen. Die Tage sind zu einem Treffpunkt geworden von Literaturvermittlern aus dem In- und Ausland, von Verlagen, Kulturinstituten und Universitäten, zu einem Treffpunkt auch der vier Landessprachen und ihrer Literaturen, zu einer perennierenden Maßnahme gegen Rösti-, Polenta- und Pizokelgräben.

Und all das, weil da ein paar Leute vor dreißig Jahren eine einfache Idee hatten.

Aber eine Idee allein genügt noch nicht, es braucht Menschen, die ihre Kraft dafür einsetzen, sie zu verwirklichen, und wer je einen nicht halb so großen Anlass organisiert hat, weiß, wie viel Zeit man vertelefoniert, wie viele Mails über den Bildschirm flackern, wie viele Telefonbeantworter besprochen werden müssen und wie viele SMS auf die winzige Handytastatur getippt werden müssen, und wir alle ahnen auch, wie der immer mühsamere Kampf um Gelder der immer sparsameren öffentlichen Hand und der privaten Sponsoren an den Kräften und oft auch an der Würde zehrt, und deshalb freut es mich enorm, dass die Literaturtage heute mit einem so schönen und nahrhaften Preis wie dem »Zurlauben-Preis für Sprach- und Buchkultur der Kulturstiftung Landis & Gyr« geehrt wird, und ich bin sicher, dass dieses Geld dafür sorgen wird, dass die kurze Strecke zwischen »Kreuz« und Landhaus so lang und wortreich bleibt, wie sie es bisher war.

Laudatio Solothurner Literaturtage, 1. Mai 2008

Die Kunst

Ich achte darauf, mich jeden Tag genügend zu bewegen, ich fahre mit dem Velo zum Arzt, zum Zahnarzt, zur Dentalhygienikerin oder zu andern erfreulichen Treffen, ich nehme die Treppe, wo es einen Lift hat, ich gehe in den Bahnhöfen gern neben der Rolltreppe hoch, um den Kontakt mit meinen Knien zu pflegen, und manchmal ziehe ich die Turnschuhe an, um auf einem kleinen Sportplatz in der Nähe ein paar Runden zu drehen.

Bei jeder Runde komme ich an einer Skulptur vorbei, die einen Jüngling darstellt, welcher ebenfalls in Bewegung ist, aber wie das bei Skulpturen so ist, sie kommen nicht vom Fleck, und so überhole ich diesen bronzenen Jüngling bei jeder Runde wieder. Er ist vom Bildhauer Franz Fischer, der von 1900 bis 1980 gelebt hat, und heißt »Der Gehende«, und jetzt an diesen kalten Wintertagen tut er mir manchmal fast ein bisschen Leid, denn der Bursche ist splitternackt.

Dieser Geher ist im Auftrag der Stadt Zürich entstanden und hat es 1939 immerhin zur Weltausstellung von New York geschafft, und als er von seiner Reise zurückkam, beschloss der Zürcher Stadtrat, er stelle ihn auf diesen Sportplatz, der außer von den Turnvereinen vor allem vom Schulhaus Liguster benutzt wurde. Aber er hatte nicht mit der Empörung der Lehrerschaft gerechnet. Kaum stand dieser hüllenlose Sportler nämlich auf seinem neuen Platz, begannen die Lehrerinnen und Lehrer von Oerlikon Unterschriften zu sammeln für eine Petition an Stadtpräsident

Klöti, man solle ihn wieder entfernen, er sei ein sittlicher Skandal. Der Stadtrat ließ sich jedoch nicht beirren und beließ ihn an seinem Standort, in der Ansicht, die Wogen würden sich wieder glätten.

Er hatte Recht mit dieser Ansicht, sonst würde ich ihn heute nicht jedesmal antreffen, wenn ich meine Runden ziehe. Es unterschrieben damals übrigens fast alle Lehrkräfte, mit zwei Ausnahmen. Die eine war eine Kindergärtnerin und der andere ein Sekundarlehrer, der auch Schriftsteller war, nämlich Albin Zollinger.

Wenn Sie einmal in Oberwil im Kanton Zug vorbeikommen und in die Bruder Klaus-Kirche gehen, werden Sie dort Fresken von Ferdinand Gehr sehen, einem unserer großen, international renommierten kirchlichen Maler des 20. Jahrhunderts. Das Frontbild, auf dem Bruder Klaus auf einer riesigen braunen Fläche ganz allein rechts außen steht, aber auch die Bilder auf den Seitenwänden mit der Kreuzigung und dem Abendmahl sind von einer expressiven Einfachheit, der man sich kaum entziehen kann. Dass Sie diese Fresken sehen können, ist nicht ganz selbstverständlich, denn als sie 1957 hätten eingeweiht werden sollen, erreichte eine Mehrheit der Kirchgemeinde, dass man sie mit Vorhängen abdecken musste, und es dauerte fünf Jahre, bis man die Vorhänge wieder aufziehen konnte.

Und wer kennt Jean Tinguelys Riesenmaschine »Heureka« nicht, die im Zürcher Seefeld steht? Sie wird jeden Morgen und jeden Nachmittag einmal eingeschaltet, und dann rattert ihr undurchschaubares Räderwerk vor sich her und scheppert und kleppert und ächzt und kreischt. Sie ist eine Attraktion, jedesmal, wenn ich mit Gästen dorthin gehe, stehen schon Leute da, warten, bis sie in Gang gesetzt wird, und amüsieren sich dann darüber. Die Maschine war 1964 an der »Expo« in Lausanne zu sehen, und als die Stadt Zürich drei Jahre später beschloss, sie am Zürichhorn aufzustellen, brauste ein Proteststurm über das Seefeld, das sei der letzte Schrott, das habe mit Kunst nichts zu tun und was denen einfalle, die Landschaft mit einem derartigen Monstrum zu verschandeln.

Anfangs der achtziger Jahre ging in derselben Stadt nachts der Sprayer um und spritzte seine Strichfiguren auf die verschiedensten Wände, öffentliche und private, und das verstörte die Zürcher Gesellschaft so nachhaltig, dass Harald Nägeli, als man ihn endlich erwischte, zu 9 Monaten Gefängnis unbedingt verurteilt wurde, eine Strafe, die damals nicht einmal ein besoffener Autofahrer bekam, aber letzten Herbst, 20 Jahre später, wurde eines seiner wenigen erhaltenen Sprayfresken vom Kanton als Kunstwerk restauriert.

Ich weiß nicht mehr, ob ein Rehlein oder ein Fuchs oder ein Frosch auf dem Brunnen gestanden hatte, welche die Stadt St. Gallen vor 17 Jahren durch einen Brunnen von Roman Signer ersetzte. Der Wasserstrahl fällt jetzt von hoch oben aus einem roten Fässlein. Wen es wundert, woher er kommt, muss innehalten und in die Höhe schauen. Manchmal sieht man dort Menschen, die irritiert stehen bleiben und die Blicke nach oben richten. Dann gehen sie mit einem Kopfschütteln oder mit einem Lächeln weiter.

Die Irritation gehört zur Kunst, so lang es sie gibt. Derjenige, welcher den Ausdruck »Impressionisten« prägte für die Maler, deren Bilder heute in jedem Wartezimmer hängen, war ein Kritiker, der das abwertend meinte, »ce sont des impressions«, sagte er, Eindrücke seien das, aber keine Kunst. Auch er war in erster Linie irritiert.

Anfangs der neunziger Jahre wurde ein Bild des Holländers Vincent van Gogh für 82,5 Millionen Dollar versteigert.

Das ist der höchste Preis, der je für ein Kunstwerk bezahlt wurde. Sie wissen es: Zu seinen Lebzeiten konnte van Gogh kein einziges seiner Bilder verkaufen, niemand sprach seiner Malerei irgendeinen Kunstwert zu.

Auch kein Glück hatte sein Urgroßneffe, der Filmer Theo van Gogh. Mit dem, was er als Kunst ansah, irritierte er derart, dass er deswegen vor kurzem auf offener Straße erschossen wurde.

Es ist übrigens durchaus möglich, dass seine Werke keine Kunstwerke waren, ich würde sogar so weit gehen zu sagen, wer immer fand, van Gogh, Gehr, Fischer, Tinguely, Nägeli, Signer habe mit Kunst nichts zu tun, der hatte Recht – in seinen Augen.

Aber es gibt immer noch andere Augen.

Kunst-Bulletin 1/2, Zürich, 2005

Der Anlass dazu: Im Dezember 2004 hatte das Schweizer Parlament das Budget der Kulturstiftung »Pro Helvetia« um 1 Million gekürzt, weil diese eine politisch umstrittene Ausstellung des Künstlers Thomas Hirschhorn im »Centre culturel« Paris unterstützt hatte. Ich hatte mich vor der Debatte mit einem Plakat am Eingang des Bundeshauses aufgestellt, auf dem stand »Die Freiheit der Kunst ist gewährleistet. Art. 21 der Bundesverfassung«.

Der Krieg

Kein Zweifel, der Krieg in Sarajevo ist zu Ende. Zwar ist die Verwüstung der Stadt für kriegsungewohnte Augen erschreckend und schwer zu fassen, aber überall haben kleine Cafés und Restaurants geöffnet, viele Läden sind wieder in Betrieb, auf dem Marktplatz, wo die furchtbare Bombe einschlug, ist kein Stand unbesetzt, im Souvenirbasar sind sämtliche Schaufenster repariert, und das Angebot an Ledergürteln, Schmuck und Taschen ist beträchtlich, zum Teil den neuen Gegebenheiten angepasst, so gibt es zum Beispiel Kupferteller mit einer eingravierten Karte Bosniens und der Inschrift »IFOR 1996«. Einen Kiosk sehe ich, an dem man den Koran kaufen kann und arabische und türkische Wörterbücher sowie islamische Revuen.

Der Iran hat hier eine Botschaft eingerichtet, gegen die das Gebäude der Schweizer Botschaft ein Ferienhäuschen ist. Der Leiter des Filmfestivals sagt uns aber, er sei dort mit seinem Vorschlag, islamische Filme zu zeigen, auf taube Ohren gestoßen. Die Nachrüstung der bosnischen Armee, die im Dayton-Vertrag vorgesehen ist, wird zu einem Teil von den arabischen Staaten bezahlt. Einst strenge Kommunisten, so höre ich, sind nun strenge Muslime, denn sie sehen die Zukunft des Landes, und damit ihre eigene Karriere, in einem muselmanischen Staat. Der Volksmund hat für sie das Wort »Wassermelonen« geschaffen, und es meint etwa dasselbe wie die »Wendehälse« in der früheren DDR. Die hiesige Variante spielt allerdings darauf an, dass das Innere und damit das Eigentliche der Frucht rot ist.

Die Frauen in Sarajevo strahlen vor Eleganz. Ich habe das Gefühl, alle hätten etwas Besonderes angezogen, als seien sie gerade unterwegs zu einem Rendezvous. Unglaublich knappe Minijupes sind zu sehen – ich frage mich, was die Mullahs dazu sagen werden, sollten sie hier einmal das Sagen haben.

Wir sollen, sagte eines der Kinder im Mladih-Theater in Sarajevo, die Kinder in der Schweiz grüßen, und auf einmal flatterten alle mit den Händen wie bei einem Open-air-Konzert. Im Speziellen wünschte sich eine Primarschulklasse aus Travnik, es solle sie eine Schulklasse aus der Schweiz besuchen, denn Travnik, so fuhr das Mädchen weiter, das die Einladung vorbrachte, sei berühmt für seinen Käse, wie die Schweiz ja auch, und – weil nun großes Gelächter aufkam, musste es seine Stimme anheben – Travnik sei die schönste Stadt der Welt. Obwohl bei dieser Stelle die Kinder Sarajevos protestierten, gebe ich die Einladung weiter, und auch den Gruß habe ich hiermit ausgerichtet.

Die Lebensfreude geht überall spazieren, die Buben spielen Fußball in den Gassen, und kichernd laufen die Mädchen an ihnen vorbei. Plötzlich aber taucht ein Mädchen mit eingeschienten Beinen auf, das von seinem Vater getragen werden muss, und der Bruder trägt die Krücken hinterher. Eine Mutter treibt ein Kind zur Eile an, das, leicht vorgebeugt, mit dem Hals und den Armen ständig zuckende Bewegungen macht, ein Mann mit nur einem Arm kommt einem entgegen, oder eine Zigeunerin sitzt am Boden und bettelt, und unter ihren Röcken schaut der Stumpf ihres Beines hervor.

Wir treffen uns mit dem Schriftsteller Izet Sarajlić an einer Vernissage. Die Galerie ist überfüllt. Die Bilder wirken seltsam zufällig und unverbindlich, aber der Maler ist bekannt und wird geliebt, denn er hat die Stadt während der ganzen Zeit nie verlassen, und alle wissen, dass sein einziger Sohn im Krieg ums Leben kam. Noch nie, sagt Izet Sarajlić, seien die Künstler und Schriftsteller so populär gewesen wie während des Krieges. Die, welche dablieben. Von denen, die emigrierten, spricht er mit nicht zu überhörender Bitterkeit. Als wir aufs Taxi warten, begrüßt ihn einer, der ihn lange nicht gesehen hat, sehr herzlich, auf Italienisch, und fragt, wie es ihm ergangen sei, und Izet zeigt auf die Narbe an seiner Stirn und sagt lachend: »Personale da Radovan Karadžić!«

Als ich im Gespräch mit vier Mitgliedern der bosnischen Akademie der Wissenschaften und Künste die Frage aufwarf, ob sie sich vorstellen könnten, mit ihren Kollegen der serbischen Akademie wieder Kontakt aufzunehmen und sich zu einem Gespräch zu treffen – jener serbischen Akademie in Belgrad also, die in einem Memorandum 1986 geistige Grundlagen für das serbische Vormachts- und Herrschaftsdenken gelegt hatte –, wiesen drei von ihnen diesen Gedanken als undenkbar zurück. Ein vierter sagte nach langem Zaudern, ja, vielleicht, unter gewissen Umständen, aber es war ihm anzusehen, wie sehr ihn der Vorschlag befremdete, ja anwiderte. Zu groß die Wunden, zu tief die Verletzung.

Mindestens die Hälfte aller Leute, mit denen wir zu einer Mahlzeit zusammen sind, können ihre Portionen nicht aufessen, junge Menschen zittern, wenn sie eine Kaffeetasse in die Hand nehmen, und unter all den fröhlichen Gesichtern sehe ich immer wieder welche, bei denen ich das Gefühl habe, sie könnten in ihrem ganzen Leben nie mehr lachen.

Denn es ist ja nicht irgendeine Krise, die sie überstanden haben, sondern ein vier Jahre dauernder Angriff auf Leib und Leben, und viele misstrauen dem Frieden, fürchten sich vor dem Abzug der IFOR-Schutztruppen und fürchten sich auch davor, dass der Faschismus schlussendlich sogar in Bosnien einzieht, nach den Wahlen zum Beispiel. Und wenn vor einem Café, wo aus Lautsprechern lärmige Musik auf die Straße quillt, zwei Menschen an einem Dreiertischchen unter einem Sonnenschirm sitzen und schwatzen und scherzen, dann sitzt auf dem leeren Stuhl daneben die Trauer und sagt nichts.

Ein amerikanischer Psychiater, der hier arbeitete, soll gesagt haben, ihm fehlten für das, was die Leute empfänden, die Fachausdrücke. Und es fehlen allen die Ausdrücke, es fehlen allen die Wörter, um das zu erklären, was geschehen ist.

Hier, an dieser Stelle, hätten oft die Leichen von Frauen und Kindern auf der Straße gelegen, und man habe die Nacht abwarten müssen, um sie zu bergen und zu beerdigen, weil sonst die Tschetniks geschossen hätten, sagt uns Nermin, ein Sozialarbeiter in Goražde, bei einem Gang durch die Stadt und fügt dann hinzu, sie fragten sich immer noch, wie Menschen so etwas tun könnten, und – in den Worten unserer Dolmetscherin – we still don't have an answer. Wir haben immer noch keine Antwort.

Goražde, eine der bosnischen Enklaven in der serbischen Republik, beklemmend weit weg von Sarajevo. Auf dem Weg hierher immer wieder einzelne niedergebrannte Häuser – sie gehörten Muslimen, die vertrieben oder umgebracht wurden. Während des ganzen Krieges war die Stadt von den Serben eingekesselt, oft monatelang von jeder humanitären Hilfe abgeschnitten. Trotzdem wurde sie nie eingenommen.

Aber noch heute, im August 1996, macht die Armee des immer noch ehrenwerten Herrn Karadžić, der uns auf der Fahrt durch die serbische Republik von vielen Wahlplakaten entgegenlächelt, noch heute macht seine Armee dasselbe, was sie auch mit Sarajevo gemacht hat – sie stellt der Stadt das Wasser, den Strom, das Gas und die Telefonverbindungen ab, und all dies unter den Augen der internationalen Schutztruppe. Man kann nicht einmal innerhalb der Stadt telefonieren, geschweige denn nach Sarajevo oder gar ins Ausland. Und so pumpen die Menschen das Wasser aus der Drina und holen Holz im Wald. Die Busse, die wieder zwischen Goražde und Sarajevo zirkulieren, würden, so erzählt uns Nermin, häufig mit Steinen beworfen.

Auf der Fahrt sehe ich mehrmals ein Bild, das ich bisher nur von Fotos kannte, etwa vom Ende des Zweiten Weltkrieges: zerstörte Brücken, gesprengte Pfeiler, und an jedem Ufer eine Straße, die einfach im Wasser versinkt.

In einem der trostlosesten Schulzimmer, die ich je gesehen habe, erzählten und zeigten der Maler Dieter Leuenberger und ich mit Hilfe unserer Dolmetscherin unser Buch vom Urwaldschreibtisch, und etwa 100 Kinder saßen auf den engen Bänken. Als ich sie nachher fragte, ob sie auch Geschichten schrieben, meldeten sich einige von ihnen, und als Dieter sie fragte, ob sie auch zeichnen, meldeten sich noch mehr, und als ich sie bat, Geschichten zu schreiben mit Zeichnungen und uns diese dann zu schicken, verließen sie den Raum voller Tatendrang, jedes mit einem Buch unter dem Arm. Ich bin gespannt auf die Post und werde sie auf alle Fälle beantworten.

Danach baten uns ein pensionierter Lehrer, dessen Namen ich vergessen habe, und Nermin, der Sozialarbeiter, mit ihnen zu kommen, sie möchten uns noch etwas zeigen. Wir gingen am Kulturhaus vorbei, einem Gebäude, in dem nur noch ein Saal betretbar ist, in dem gerade – was für ein kulturelles Ereignis! – die Einschulung von Polizisten stattfand, kamen dann an einer weiblichen Statue vorbei, welcher offensichtlich der Kopf weggeschossen worden war, was der Lehrer mit den Worten »Kultura – bumm!« kommentierte, und standen zuletzt vor der Brücke über die Drina, der Fußgängerbrücke, auf der ich schon am Vormittag gestanden war, weil sie mir so gut gefiel. Die Menschen, so schien mir, betraten sie mit Genuss. Was ich dabei übersehen hatte: Unter der Brücke hing eine zweite Brücke, ein kleiner Steg, breit genug für einen Menschen, oben etwas breiter, so dass der Mensch noch etwas in seinen Armen tragen konnte, ein verletztes Kind vielleicht, und den Zugang zu dieser Brücke bildete auf der einen Seite eine Art Schützengraben, durch den man geduckt gehen musste, um den Schüssen der Tschetniks zu entgehen, und auf der andern Seite ein Wall aus Sandsäcken, hinter dem man ebenso geduckt zum nächsten Gebäude gehen musste, bis man in Sicherheit war. Dies sei, sagten sie uns, die einzige Art gewesen, wie sie den Fluss überqueren konnten, ohne angeschossen zu werden, denn die Brücke, das zeigt ein einziger Blick in die Runde, lag offen im Visier der Todesschützen, die sich auf den Hügeln oberhalb der Stadt eingenistet hatten.

Und es genügte Nermin und dem Lehrer nicht, dass wir diese Brücke sahen, sondern sie wollten, dass wir mit ihnen über den schwankenden Steg hoch über dem Wasser gingen und bei jedem Eisenbalken den Kopf einziehen mussten, damit wir wenigstens den Weg gegangen waren, den sie selbst oft und unter so großer Angst gehen mussten.

Vielleicht, denke ich, müsste das Gespräch zwischen den Akademiemitgliedern aus Belgrad und Sarajevo in Goražde stattfinden, und alle müssten zuerst gemeinsam über diese kleine Brücke gehen, mit eingezogenem Kopf, bevor sie langsam darangehen könnten, die großen Brücken, die zerborsten in den Flüssen zwischen ihren Ländern und ihren Köpfen liegen, Stein um Stein wieder aufzubauen.

Tages-Anzeiger Zürich, 29. August 1996 unter dem Titel »Auf dem leeren Stuhl sitzt die Trauer«

Die Anderen

Liebe Schülerinnen, liebe Schüler,

Vor einem Monat hat es das Schweizervolk an der Urne abgelehnt, den jungen Ausländerinnen und Ausländern, die hier wohnen, das Schweizer Bürgerrecht zu leichteren Bedingungen zu geben als bisher. Schwer sollen sie es haben, fand die Mehrheit, genau so schwer wie bisher, und das Enkelkind eines eingewanderten Italieners soll auf keinen Fall bei seiner Geburt einen Schweizer Pass erhalten. Es soll zuerst das machen, was seine schweizerischen Kollegen auch machen werden, reden lernen, zur Schule gehen, groß werden, und irgendeinmal wird es merken, dass es zwar das gleiche macht wie seine schweizerischen Kameraden, dass es aber trotzdem etwas anderes ist, nämlich ein Ausländerkind, und dann muss es eben ein Gesuch stellen.

Ich muss euch sagen, dass dieses Abstimmungsergebnis für mich eine große Enttäuschung war.

Und ich möchte euch sagen, dass es gerade deshalb für mich eine große Freude war, eure Texte und Geschichten zu lesen, die ihr zum Thema »Wir und die Anderen« geschrieben habt.

Ich habe darin sehr viel Verständnis gefunden für das, was wir in einem Land brauchen, in dem so viele Mitmenschen aus dem Ausland wohnen wie bei uns.

Ihr habt das auf verschiedene Arten beschrieben.

Einige von euch haben nur die Ablehnung geschildert, die zum Beispiel einem Mädchen widerfährt, das ein Kopftuch trägt, und das auf dem kurzen Weg zur Bäckerei Bemerkungen und böse Blicke bekommt, und dem die Mutter zuletzt sagt: »Ich weiß, meine Kleine. So ein kurzer Weg, solch ein großer Schmerz!«

Wir erfahren viel darüber, was einem ausländischen Kind passieren kann, das in eine neue Klasse kommt, von falschem Verdacht über das Ausgelachtwerden bis zum Ausgeschlossensein .

»Eine Mitschülerin von mir sagte immer, ich soll zurück nach Russland, und wenn sie Geburtstag hatte, brachte sie für alle Kuchen außer für mich«, wird in der Geschichte eines russischen Mädchens erzählt.

Viele von euch haben beschrieben, wie auf die anfängliche Ablehnung das geschieht, was geschehen muss, damit wir nicht Feinde werden. Irgendjemand macht einen Schritt auf den andern oder die andere zu, einen kleinen Schritt, das Anbieten eines Apfels etwa, oder das Einladen zum Fußballspiel, oder das zusammen nach Hause gehen.

»Zusammen bleiben ist immer gut«, heißt es in der Geschichte einer jungen Tamilin. Sie erzählt, dass es in den Wohnungen der Kolleginnen anders riecht als bei ihr und dass sie deshalb zuerst wieder nach Hause wollte. Dann überlegt sie sich aber, dass es für die andern genau so ist, wenn sie zu ihr nach Hause kommen, und entscheidet sich fürs Bleiben.

Und das ist wohl eine der nötigsten Einsichten, um die wir uns aus irgendwelchen Gründen immer wieder drücken: für die andern ist es genau so, oder die andern *sind* genau so, oder noch einfacher gesagt: die andern sind auch Menschen.

Zwei Schülerinnen haben dies in ihrer Arbeit so ausgedrückt:

»Für ein Kind aus dem Ausland würde ja ›Wir und die anderen‹ das Gegenteil bedeuten als für uns, deswegen sind wir alle wir, und alle die anderen.«

Ein Satz aus einem andern Text lautet:

»Es ist gleich, aus welchem Land man kommt, man muss auf das Innere schauen.«

Zwei Schülerinnen haben denselben Gedanken in einem Vers ausgedrückt:

»Merxhivane ist noch nicht lange hier
Trotzdem gehört sie schon zum ›wir‹.«

Ihr habt auch vieles über die Gründe geschrieben, die ausländische Mitmenschen hierhergetrieben haben, von der Arbeitslosigkeit über den Krieg bis zur politischen Verfolgung.

»Wenn jemand etwas zu klagen hat«, lese ich in einem eurer Texte, »sind es sicher nicht wir, bei denen die Ausländer einwandern, sondern die Ausländer, die wegen Krieg oder Hungersnöten auswandern mussten.«

Dass andere Kulturen andere Sitten haben, kann schön und bereichernd sein.

»Erst so ist das Leben auf der Erde wirklich spannend«, heißt es in einem Text, der zuerst ausmalt, wie es wäre, wenn alle gleich wären.

Aber dass es auch zu Tragödien kommen kann, erzählt z. B. die Geschichte »Die verbotene Liebe«, in der eine junge türkische Frau aus ihrer Familie ausgestoßen wird, weil sie den Schweizer heiratet, den sie liebt, und nicht den türkischen Mann, dem sie schon als Kind versprochen wurde, ohne dass man sie gefragt hat.

Und ich möchte auch diejenigen Geschichten nicht vergessen, in denen Sätze stehen wie:

»Mir sind ehrlich gesagt die Italiener lieber als andere

Ausländer, wie zum Beispiel Jugoslawen und Albaner, die in der Schweiz nur ›Scheiße machen‹.«

oder:

»Nichts gegen die Türken, aber sie sollten einfach nicht ewig in der Schweiz leben und teures Sozialgeld beziehen und einfach nichts tun.«

oder:

»Doch jedem 2. Ausländer geht es so gut, dass sie Mercedes oder BMW fahren können. Da wird es einem als Schweizer schon eigenartig.«

Liebe Preisträgerinnen und Preisträger, mit diesen Schweizer Kollegen müsst ihr das Gespräch genauso suchen wie mit den ausländischen, denn sie drücken etwas aus, das irgendwelche Gründe haben muss – also fragt nach diesen Gründen. Selbst wenn es Vorurteile sein sollten, so finden sie bei uns offenbar immer noch eine Mehrheit. Wenn ihr wollt, dass bei einer künftigen Abstimmung wie diejenigen vom letzten Monat etwas anderes herauskommt, dann geht es nicht ohne die, deren Aufsätze nicht prämiert worden sind.

Und natürlich hoffe ich, dass wir im Gespräch bleiben miteinander, wir alle, einheimische und ausheimische, oder wie heißt das Gegenteil von einheimisch, ich halte mich da an den Wetterbericht, den zwei von euch geschrieben haben:

»In der nächsten Zeit wird es oft Regenwolken geben, doch wenn wir Menschen lernen, einander zu akzeptieren und voneinander zu profitieren (nicht in Form von billigen Arbeitskräften), wird sich ein Hochstimmungsgebiet bilden.«

Ansprache bei der Preisverleihung der Gertrud Kurz-Stiftung zum Geschichtenwettbewerb »Wir und die anderen«, in dessen Jury ich war, Bern, 23. Oktober 2004

Der Neger

Wenn ich auf den Sinn meines Lebens angesprochen werde, den kein Lokomotivführer und keine Ohrenärztin so oft verteidigen muss wie wir Schreibenden, dann sage ich manchmal, ich möchte mehr Phantasie verbreiten, Sensibilität und Kreativität wecken oder erhalten, besonders wenn es um Kinder geht, und meine Arbeit habe auch mit Menschlichkeit zu tun.

Und dann kommen Rückmeldungen aus der Kinderwelt, oder eher der Schülerwelt, die mich beim Wort nehmen. Die Kinder lernen gerade in der Schule, dass ein Wort wie »Neger« gegen die Menschlichkeit verstoße, oder gegen den sprachlichen Anstand, und nun finden sie dieses Wort in einem meiner Bücher, genauer gesagt im »Tschipo«, den ihnen die Lehrerin erzählt, und sie finden die Geschichte vielleicht lustig und spannend; *aber*: »Wieso brauchen Sie darin so oft das Wort ›Neger‹? Bitte schreiben Sie uns zurück, Klasse 3c, Schulhaus Bündtwies«. Solche Briefe erinnerten mich daran, wie ich mir schon 1977, als ich das Buch schrieb, die Frage gestellt hatte und dann zur Ansicht gekommen war, dieses Wort sei unschuldig, es sei gewissermaßen ein Kinderwort.

Doch der Sprachgebrauch ist unerbittlich. Wenn er sich gegen Wörter verschwört, dann gibt es für diese keine private Unschuld mehr. Und es hat nur wenige Jahre gedauert, bis sich ein Wort wie »Neger« nicht mehr in unserer Sprache zeigen durfte. Abwertung sei damit verbunden, Nicht-

Anerkennen der Ebenbürtigkeit aller Menschen, verpackter Rassismus, so war zu hören.

Eigentlich finde ich es erfreulich, dass sich Wertvorstellungen in der Sprache ausdrücken, solange die Sprache nicht von oben verordnet wird und solange diese Werte auch meinen Werten entsprechen. Aber ein bisschen lästig ist es schon. Die Sprache gehört nicht mir allein, sondern ihre Dienste im Interesse der Begriffsbildung und der Einbildungskraft werden von uns allen in Anspruch genommen, und den Kindern müssen wir diese Dienste schmackhaft machen, gerade ihnen. Und wenn bei mir Reklamationen von Kindern in Bezug auf mein entlarvtes Unschuldswort eingehen, dann nagt irgendeinmal der Gewissenswurm in mir, oder an mir, und ich muss reagieren. Ich lebe ja noch, zum Glück.

Also habe ich, als der Ravensburger Verlag »Tschipo« 1989 als Taschenbuch herausbringen wollte, nochmals den ganzen Roman auf dieses Wort hin durchgesehen, mit sämtlichen Briefen von Kindern, Schulklassen, Lehrerinnen, Lehrern, Müttern und Vätern im Kopf, und auf einmal störte es mich auch. Vor allem war ich sicher, dass ich das Wort, hätte ich das Buch jetzt geschrieben, vermieden hätte, und da es um eine Neuausgabe ging, habe ich mich daran gemacht, es zu ersetzen.

Allerdings fragte ich mich schon beim Gebrauch eines Wortes wie »der Schwarze«, wie lange das dem sprachlichen Gerechtigkeitssinn noch standhalten wird, höre ich doch bereits aus Amerika, dass man dort mittlerweile von »black« zu »Afro-American« übergegangen ist. In Bolivien, wo ich kürzlich war, wurde ich darauf aufmerksam gemacht, dass das Wort »indio« neuerdings als diskriminierend gilt und durch das Wort »indígeno« ersetzt werden sollte, was »eingeboren« heißt. Diese verbalen Ausweichversuche haben auch etwas Hilfloses, weil sie deutlich machen, dass die Sprache die gesellschaftlichen Ungleichheiten nicht beseitigen kann. Wirklich entrinnen kann sie ihnen nicht, sie ist von ihnen umstellt. Der Neger, vor dem die Sprache davonläuft, erwartet sie wieder am Ziel der Flucht und ist immer noch schwarz.

Aber ich respektiere den Versuch, und wenn er Kindern hilft, in einer Zeit der Fremdenfurcht besser für die Andersartigen einzustehen, dann nehme ich an diesem Versuch teil. Für das Wort »Neger« habe ich in der überarbeiteten Version folgende Ausdrücke gebraucht:

Schwarze, Schwarzer, schwarze Frau, schwarzer Mann, Mann, Frau, Fischer, Eingeborene, der Mann, der den Fisch gebracht hatte, der Mann, den wir jetzt schon ein bisschen kennen, die andern, Inselbewohner, beide, allle, Menschen, ein dunkler Mann, der Inselmann, ihr dunkler Freund, ihr neuer Freund, ihr Freund, ihr Inselfreund, ihr dunkler Inselfreund, dieser, eine Gruppe von Menschen, er, ihr erschrockener Freund, ihr Begleiter, Goldinsulaner, Eingeborenenfrau, Eingeborenenkinder.

Auch vom Bewusstmachungsprozess versuchte ich etwas einfließen zu lassen:

»Schau!«, rief Tschipo, »ich habe Negerhände.« »Es riecht nach Kohle«, sagte Tschako, »und du solltest nicht immer von Negern sprechen, sondern von Schwarzen. Das ist anständiger, denk dran.« »Ja«, flüsterte Tschipo und ergriff Tschakos Hand, »da steht schon einer.«

Wenn ich die insgesamt 30 Ausdrücke anschaue, sehe ich erbleichend, wie viele Männer da vorkommen. Sollte ich vielleicht einen Macho-Roman verfasst haben? Hat mir nicht einmal eine Mutter geschrieben, sie habe aus der Hauptfigur eine »Tschipa« gemacht? Aber da bleibe ich hart – es sei denn, Astrid Lindgren würde zu »Pippo Langstrumpf« überlaufen. Und beim Durchlesen meiner Änderungen sehe ich, dass ich auch ein kleines feministisches Sprachopfer gebracht habe, im Schlussabschnitt: statt »Ja, und damit, meine lieben Leser« steht in der Taschenbuchausgabe genau das, womit ich mich jetzt von Ihnen verabschieden möchte: »Meine lieben Leserinnen und Leser«.

Tages-Anzeiger Zürich, 29. März 1995 unter dem Titel »Entlarvte Unschuld – Weshalb das Wort ›Neger‹ aus einem Roman verschwand«

P. S:
Für die Neuauflage von »Tschipo« in der Reihe »Hanser bei dtv«, die im Dezember 2006 erscheint, habe ich gerade nochmals das ganze Buch durchgesehen, und es kam mir immer noch ein bisschen zu viel Schwarz darin vor. Am wenigsten zufrieden war ich mit dem Eingeborenen, der Tschipo und Tschako vor den fliegenden Haifischen rettet und sie dann nach Snircirora begleitet. Bei der ersten Textrevision hatte ich ihn abwechselnd als Schwarzen, dunklen Freund, dunklen Mann oder dunklen Inselmann bezeichnet. In der neuen Fassung stellt er sich den beiden als Noro vor, und nun hat er einen Namen, wie Tschipo und Tschako auch, und diese Lösung ist so einfach, dass ich mich wundere, warum ich nicht schon 1989 darauf gekommen bin, oder 1977.

Ob ich heute, dreißig Jahre nach der ersten Niederschrift, nochmals eine Geschichte schreiben würde, in der zwei europäische Kinderbuchhelden durch ein Inselreich von Eingeborenen reisen, weiß ich nicht. Auch wenn die beiden den Menschen dort mit Respekt begegnen und vom dortigen Traumkönig ordentlich durchgeschüttelt werden, lauert doch die Klischeefalle des edlen Wilden und der unverdorbenen Welt und schnappt das eine oder andere Mal auch zu. Traumwelten, ruft der Autor, Kindertraumwelten! Na? sagen die politisch Korrekten, kannst du nicht besser träumen? Tja, sagt der Autor, wer ist schon Herr seiner Träume, und übrigens – habt ihr schon »Tschipo und die Pinguine« gelesen? Oder erst »Tschipo in der Steinzeit«?

Angefügt zum Nachdruck des Artikels in der Broschüre »Lieber Franz Hohler! Ein Autor schreibt für Kinder – Kinder schreiben einem Autor«, die als Begleitpublikation zur gleichnamigen Ausstellung im Strauhof Zürich im Dezember 2006 erschien

Der Aufsatz

Peter Bichsel und ich hatten, zeitlich etwas versetzt, in Olten denselben Primarlehrer, den wir gleichermaßen verehrten. Kurt Hasler schrieb sich während seiner Zeit als Lehrer Aufsätze von Schülern und Schülerinnen, die ihm besonders gelungen schienen, in ein Heft ab. Er nannte es »Vorzugsheft«, und darin befinden sich unter anderen, als erste Spuren unserer Freude an der Sprache, Aufsätze von Peter Bichsel und von mir. Ich habe Kurt Hasler gebeten, mir einen von Peters Aufsätzen zu schicken, damit ich ihn zum Geburtstag des Dichters einer kritischen Würdigung unterziehen könne.

Hier ist er:

Murmeltiere!

»Hier könnte es vielleicht noch Murmeltiere haben«, erklärte mir der Vater, als wir auf unserer Bergtour durch eine öde, lange Steinhalde marschierten. Ich zweifelte zwar zuerst ein wenig. Aber bald wurde diese Vermutung durch ein lautes, abgehacktes Pfeifen bestätigt. Hinter uns, vor uns, neben uns, überall waren Pfiffe zu hören. Wir waren in ein regelrechtes Murmeltierparadies geraten. »Vater, siehst du dort?« rief ich erfreut und wies mit der Hand auf einen großen Felsblock, wo drei braune Kugeln sich lustig tollten. In ihrer Mitte saß die fette Mutter. Vorsichtig prüfte sie die weite Gegend. Glücklicherweise hatten wir günstigen Gegenwind. »Leise!« befahl mir der Vater. »Sind es wirklich Murmeli?« flüsterte ich ihm fragend zu. Hinter einem Stein, der sich gerade neben dem Spielplatz der Murmeltiere befand, setzten wir uns, um die Tiere gut beobachten zu können. Der Vater schlich mit dem Fotoapparat so leise er konnte den Munggen entgegen. Aber da, sie hatten ihn gesehen! Ein lauter, langer, warnender Pfiff ertönte, und sie waren verschwunden! Aber ein Junges, das wohl nicht wusste, was der Pfiff, den seine Mutter eben ausgestoßen hatte, bedeutete, streckte munter sein Köpflein aus dem Loch. Mit einem starren Blick glotzte es uns mit seinen sammetschwarzen glänzenden Äuglein an. Es dachte wohl: »Was sind das für Mordiogesellen?« Es zog noch etwas Luft ein, wackelte ein paar Male mit den Ohren und verschwand.

Peter Bichsel, 1947

Dies dürfte der einzige Bichsel-Titel mit einem Ausrufezeichen sein.

Täusche ich mich, oder beginnt der Text mit einer leichten Parodie auf die Autorität des Vaters, der etwas erklärt, das gar nicht sicher ist, »*könnte, vielleicht noch*«? Wenn der Zwölfjährige statt zur üblichen »*Geröllhalde*« zum Wort »*Steinhalde*« greift, ahnen wir bereits den Dichter, der ja immer die ganz leichte Abweichung vom Sprachgebrauch sucht.

»*Ich zweifelte zwar zuerst ein wenig.*«

Nun wird auch er vom väterlichen Vielleicht durchdrungen. Aber der Vater behält Recht, ja, seine Vermutung feiert Triumphe: »*Hinter uns, vor uns, neben uns, überall waren Pfiffe zu hören.*«

Sie bemerken, dass der junge Dichter nicht den üblichen Blickwinkel einhält. Ein durchschnittlicher Autor hätte hier geschrieben: »*Vor uns, neben uns, hinter uns..*« Aber dadurch, dass der Pfiff zuerst hinter uns ertönt, müssen wir uns jäh umdrehen, werden sogleich wieder um 180° zurückgerissen, um uns dann erst zur Seite wenden zu können.

»Wir waren in ein regelrechtes Murmeltierparadies geraten.«

Da ist bereits der spätere Linke zu erkennen: die Unruhe ist das Paradies, nicht die Ruhe, der Protest, nicht die Idylle.

»Vater, siehst du dort?«

Das ist nun, unterstrichen durch die Wahl des Verbs *»wies«*, die ganz große Geste, schillersch beinahe (*»Vater, ist's wahr?«*). Und worauf weist er? Nicht auf Murmeltiere, nein, das Wort hat seine Schuldigkeit schon getan, sondern auf *»drei braune Kugeln, die sich lustig tollten«*. Und jetzt beginnt sich der Dichter vollends zu verraten:

»In ihrer Mitte saß die fette Mutter.«

Dass das die Mutter sei, ist die reine Behauptung, aber niemand, der unsern zwei Helden bis hierher durch die öde Steinhalde gefolgt ist und sich nach allen Seiten umgedreht hat, wird daran zweifeln. Letzte Zweifel, ob er dem Anblick als solchem trauen könne, äußert nur noch der Dichter, indem er durch den in diesem Moment angewendeten Diminutiv (*»Sind das wirklich Murmeli?«*) gleichzeitig die eigene Kind-Vater-Situation akzentuiert.

Der Vater schleicht nun der dritten Wortvariante entgegen, die der Dichter anwendet, um die Wiederholung des Wortes *»Murmeltiere«* zu vermeiden, den *»Munggen«*, und diese machen den Vater zum Versager, sie tragen also stellvertretend für den Sohn ein Stück Generationenkonflikt aus. Was sich deutlich abzeichnet: Der Dichter ist kein Handelnder, ihm genügt die Rolle des Beobachters hinter dem Stein (muss man da nicht schon an die Beiz denken?), andere (hier der Vater) scheitern an seiner Statt.

»Aber ein Junges...«

Und da, wo die Geschichte zu Ende wäre, entfaltet der Dichter, der uns heute in seinen zahllosen Interviews immer wieder darauf hinweist, wie wenig die Erfahrung wert sei, den Charme des Unerfahrenen in einem Bild. Das junge Murmeli kommt erst durch den Erfahrungsmangel zum Denken, und es ist eine bichsel'sche Art des Denkens, nicht mit Ausrufezeichen wie im Titel, sondern mit Fragezeichen, nämlich mit der existentiellen Frage: »*Was sind denn das für Mordiogesellen?*«

Es ist die Geburtsstunde der Philosophie, der wir hier beiwohnen, die Frage des Murmelis ist die Frage des Dichters in der Welt, die Frage nach den Mordiogesellen rings um ihn, und der abrupte Schluss lässt auch schon den Meister der Kurzform aufscheinen, dessen Texte so oft ein paar Mal mit den Ohren wackeln und dann überraschend verschwinden.

Zu Peter Bichsels 65. Geburtstag, vorgetragen im »Kreuz« Solothurn, 24. März 2000

Der Anfang

Unscheinbar ist es angetreten, als Jahr 1 des neuen Jahrhunderts und des neuen Jahrtausends. Wir haben es anfänglich fast übersehen, jedenfalls haben wir es bei weitem nicht so enthusiastisch begrüßt wie seinen Vorgänger, das Jahr 0 des ausgehenden Jahrhunderts. Vergeblich haben uns die Kopf- und Kalendermenschen darauf aufmerksam gemacht, dass das Millenniumsjahr nicht das neue Jahrhundert eröffnet, sondern das alte abschließt, wir haben es knallend und ausgelassen willkommen geheißen, wir wussten, das war das Ereignis, drei Nullen hintereinander, was war dagegen schon 01. Weggeschaut haben wir, als es kam.

Das hat uns 01 übel genommen.

Schon dass im Januar die Versammlungsfreiheit durch die Fahrplanhoheit der Rhätischen Bahnen außer Kraft gesetzt wurde, hätte uns stutzig machen müssen. Etwas ging da nicht mehr, das bisher auf irgendeine Art noch immer gegangen war. Davos erlebte am »World Economic Forum« Wasserwerfer statt Schneekanonen, und die Welt wunderte sich über die friedliche Schweiz, die nicht in der Lage war, das Freundbild von sich aufrechtzuerhalten. Genua dann, nochmals eine Warnung von 01, sich nicht täuschen zu lassen, nichts Harmloses und Unverbindliches zu erwarten.

Aber wir feiern unsere Quartierfeste, gehen an unsere Open Airs und Street Parades, legen unsere 1000 Ferienkilometer zurück, die wir laut Bundesamt für Statistik jährlich absolvieren, wir wollen unsern Spaß haben, wollen einfach glücklich sein und zufrieden. Das lässt sich 01 nicht bieten.

Es kommt das Datum, das bereits ein Wort geworden ist, das Wort des Jahres, Derelfteseptember, und wir werden ihn nicht so schnell vergessen. Ein lächerlich kleines Grüppchen von Menschen versetzt der Weltordnung einen Tritt, der sie aus dem Lot bringt, verletzt die Spielregeln so grundsätzlich, wie das niemand erwartet hat, wieder und wieder muss man uns die Bilder zeigen, bis wir glauben, dass hier Kamikaze-Piloten am Steuerknüppel sitzen, die tatsächlich bereit sind, das zu tun, was jede Armee von ihren Soldaten verlangt, nämlich ihr Leben für eine höhere Sache zu opfern.

Die Wirkung Deselftenseptembers ist erstaunlich. Die amerikanische Nation erzittert, die Welt erzittert, die Wirtschaft erzittert, die Weltwirtschaft erzittert, die Menschen erzittern und wagen sich nicht mehr in die Flugzeuge, die Fluggesellschaften erzittern, ihre virtuellen Finanzgebäude stürzen ein wie die Türme des World Trade Centers, das Wort »Grounding« hat in Zürich seinen großen Auftritt, der Neoliberalismus erzittert und wird durch staatliche Subventionen an die zitternden Airlines kurzfristig abgesagt, die UBS und die CS erzittern, weil sich ihre Tycoons nicht einig sind, ob man in sinkende Luftschiffe noch investieren soll, sogar die Kultur erzittert, weil die zitternden Menschen keine Lust mehr haben, auszugehen; ob Marthaler jammert oder Ospel hustet, immer führen die Spuren zu Demelftenseptember, es ist, als ob an diesem Tag ein Gesetz aus den Angeln gehoben worden wäre, das Gesetz der Sicherheit und der Verlässlichkeit, durch ein paar arabische Hamburger Studenten, die so unauffällig waren wie das Jahr 01, und kaum war dieses Gesetz gebodigt, marschierte ein Schweizer Einmann-Querulant in ein Schweizer Parlament und massakrierte unsere demokratisch und proportional gewählten Politiker, und ein türkischer Dumpingtrucker setzte den Gotthardtunnel in Brand, und ein Schweizer Pilot steuerte knapp vor der Piste 28 sein Schweizer Flugzeug ins Verderben, und wir getrauten uns kaum mehr, das Radio anzudrehen, aus lauter Angst, DRS 1 sende schon wieder klassische Musik.

Wir hatten das Gefühl, das Schicksal habe sich bösartig den Sonderfall Schweiz herausgegriffen und prügle pausenlos auf ihn ein. Endlich sind wir der Welt beigetreten, aber ohne Volksabstimmung.

Seltsam: Es ist nicht der erste 11. September in der Geschichte. Am 11. September 1973 wurde in Chile Salvador Allende mit Hilfe des amerikanischen Geheimdienstes ermordet, und am 11. September 1881 ging ein Bergsturz auf die Gemeinde Elm im Glarnerland nieder und begrub über 100 Menschen unter sich.

Aber das ist lange her, Derelfteseptember war etwas ganz anderes und hat uns alle überrascht wie kaum etwas seit dem Fall der Mauer. Auch was danach passierte, kam unerwartet. Die militärische Intervention in Afghanistan war erfolgreich, die Vietnamprophezeiungen sind nicht eingetroffen, die Taliban sind vertrieben, die Frauen in Afghanistan atmen auf, und warum sollte nicht auch noch Bin Laden erwischt werden, 01 gibt uns noch ein paar Tage Zeit.

Die Sicherheit allerdings, die nimmt 01 endgültig mit, wenn es abtritt, und es wird sie nie mehr zurückgeben. Die Hüter unserer Kernanlagen haben zugegeben, dass unsere Reaktoren einem World-Trade-Center-ähnlichen worst case nicht gewachsen wären. Oder anders gesagt: Ein Selbstmordkommando in Gösgen könnte schon im Jahr 02 zur Evakuation der Schweiz führen, und vielleicht müssen wir uns dann über die zitternde und überfüllte Welt verstreuen, in Flüchtlingslager in Bosnien, Kosovo oder Islamabad.

01 geht.

Vielleicht war es ein Jahr, nach dem wir uns einmal zurücksehnen werden.

Tages-Anzeiger Zürich, 29. Dezember 2001, unter dem Titel »01 geht«

Der Dank

Grüezi mitnand,

ich danke dem Stadtrat von Zürich für diesen Preis, ich danke Lukas Bärfuss für seine Ansprache, und es wird Sie nicht überraschen, wenn ich nun selbst eine kleine Ansprache halte. Ich möchte mit einem Gedicht beginnen, es blickt auf das Jahr meiner Geburt und heißt

Im Jahre 1943

Am 13. Januar
starb in Zürich
fliehend aus dem besetzten Frankreich
die Malerin, Tänzerin, Träumerin
Sophie Täuber-Arp.
Sie heizte ein kaltes Zimmer
mit Blättern
ihres Französisch-Wörterbuches
das sie nun
nicht mehr brauchte
und vergiftete so
ihre Lungen.

Am 22. Februar
starb in München
jung, so jung

die Träumerin, Denkerin, Flugblattverteilerin
Sophie Scholl
durch das Fallbeil.
Sie hatte die Freiheit des Menschen
eingefordert in unfreier Zeit.

Am 1. März
gebar meine Mutter in Biel
ihr zweites Kind.

Ich hoffe, es haben
Zuflucht gefunden
in meiner Seele
die zwei Sophies
spielend die eine
denkend die andere
beide träumend
von Freiheit
von Schönheit
von Mut
und von Liebe.

Ich bin in Olten aufgewachsen, spielend, singend, pfeifend, musizierend, theaterspielend, denkend, schreibend, träumend, mit einem Bruder, der ebenso gern spielte wie ich, mit Eltern, die gern musizierten, wie meine Mutter, und gern Theater spielten, wie mein Vater, und beide gern lasen, wovon eine große Bibliothek zeugte, aus der ich mich bediente, sobald ich einigermaßen lesen konnte, so dass ich, als mir zum ersten Mal das Wort »Kultur« begegnete, dachte, das kenne ich, das haben wir zu Hause auch.

Sobald ich lesen konnte, begann ich auch zu schreiben,

kleine Geschichten, kleine Gedichte, oder Verse, die ich selbst illustrierte, wie ich das bei Wilhelm Busch und »Globi« gesehen hatte. Wichtig war es für mich immer, diese Werke auch vorzutragen, ja, ich hatte das Gefühl, eine Geschichte sei nicht dann fertig, wenn sie geschrieben sei, sondern erst dann, wenn sie vorgetragen wurde.

Mein erster Vers, den ich als 8jähriger schrieb, hieß

»Auf seinem Pferd Herr Fadian
sich sieht die schöne Landschaft an.«

und dazu hatte ich einen Reiter auf einem Pferd gezeichnet.

Der Ausritt wurde dann durch eine Wespe gestört, die dem Pferd in den Hintern stach, worauf dieses durchbrannte und mit seinem unglücklichen Reiter in eine Schlucht stürzte, wo das Pferd den Hals brach und Herrn Fadians Schädel durch einen spitzen Stein zertrümmert wurde, so dass Ströme von Blut den Boden der Schlucht tränkten. Die Moritat schloss mit der Ermahnung:

»Und die Moral von der Geschicht:
Lass dich von Wespen stechen nicht!«

Aber sonst war ich ein friedliches Kind.

Nur in das, was ich dachte und träumte, schlichen sich Dramen und Katastrophen ein, führten ein Eigenleben und riefen nach Darstellung.

Zu meiner ersten Begegnung mit Zürich kam es, als ich zwölf Jahre alt war. Das Wort »schwer krank« stand plötzlich neben meinem Bett und beugte sich über mich, an einem Sonntag fuhr mich unser Kinderarzt in seinem Privatwagen von Olten nach Zürich ins Kinderspital, und ich wusste, wenn du nach Zürich musst, ist es ernst. Die Krankheit erwischte mich in meiner ersten nachdenklich-philosophischen Phase, in der ich gerade beschlossen hatte, Optimist zu sein und alles interessant zu finden. Und so fand ich auch das Einzelzimmer, in das Ärzte und Krankenschwestern mit besorgten Gesichtern traten, interessant, und ich blieb noch dann optimistisch, als ich vor Müdigkeit kaum mehr sprechen konnte. Es war ein neues, wenig bekanntes Syndrom, auf das eine therapeutische Antwort fehlte, später vernahm ich, dass die meisten Kinder daran starben, und rückblickend glaube ich, dass es weniger die Medizin war, die mich gerettet hatte, sondern der 12-jährige Philosoph, die beiden Sophies.

Zürich aber blieb die Stadt, in der ich geheilt wurde.

Als Gymnasiast kam ich wieder hierher, um Cellostunden zu nehmen, bei Hans Volkmar Andreae, einem Schüler von Pablo Casals, der mehr als ein Musiker war und auch den Denker in mir forderte und förderte. Ich nahm eine Weile lang Schauspielstunden bei der Witwe von Alexander Moissi am Toblerplatz, wo ich den Monolog des Antonius vor der Leiche Cäsars rezitierte, »Nun liegt er da, und der Geringste beugt sich nicht vor ihm«. Mit meiner Klasse aus Aarau, wo ich inzwischen zur Schule ging, besuchte ich hier im Schauspielhaus »Andorra« von Max Frisch , das mich bewegte, und ich sah mir im »Theater am Hechtplatz« César Keiser an, der mich erregte, weil ich dachte, so etwas könnte ich auch machen.

Als ich dann in Zürich Germanistik und Romanistik studierte, legte ich mir in meinem Kopf zwei mögliche Biographien zurecht.

Die erste war die eines Mittelschullehrers, der nach abgeschlossenem Studium an einer unserer Bildungsstätten unterrichten würde.

Die zweite, und die gehörte zum Träumer, war die eines Dichters, Sängers und Bühnenkünstlers, der von und mit seinen Ideen leben könnte.

Wenn ich von der Uni die Spiegelgasse hinunterging, kam ich immer gern am Haus vorbei, in dem die Dadaisten gewirkt hatten, ich stellte mir vor, wie Hugo Ball in seinem Kartonkostüm seine unverständlichen Monologe ins Publikum schleuderte, oder wie Hans Arp, der spätere Ehemann Sophie Täubers, mit Sätzen wie »sankt ziegenzack springt aus dem ei« dem verblüfften Zürcher Publikum die Welt erklärte. Sie waren allesamt auftrittssüchtig, und sie wollten allesamt der Realität ihre Abscheulichkeit heimzahlen, indem sie sie mit der Phantasie lächerlich machten.

Und dann beschloss ich, dies auch zu tun. Ich versammelte meine Gedichte, Texte, Lieder, Parodien und Phantastereien um mich, ordnete sie zu einem literarisch-musikalisch-satirischen Ganzen, nannte es »pizzicato« und bat den Rektor der Universität, mir den alten Heizungskeller zur Verfügung zu stellen, damit ich ihn in ein Theater verwandeln und dort mein Programm spielen konnte.

So etwas war nun in keinem Studiengang und in keinem Betriebsreglement vorgesehen, und ich halte es für eine beachtliche Tat, dass der damalige Rektor, Eduard Schweizer, keinen Moment zögerte, mir diesen Raum zu bewilligen, mir, einem Studenten, der nichts vorzuweisen hatte als seine Überzeugung, er könne etwas.

Das war 1965, das Programm wurde ein Erfolg, ich musste es verlängern und wurde im selben Jahr nach Berlin eingeladen, wo ich auch verlängern musste und so gute Kritiken bekam wie nachher während 30 Jahren nicht mehr. In der Folge wurde ich ins legendäre »Kom(m)ödchen« in Düsseldorf eingeladen und in die ebenso legendäre »Lach- und Schießgesellschaft« in München, ich beschloss, mich für ein Jahr von der Uni zu verabschieden, was nur über eine Exmatrikulation möglich war. Zu einer Immatrikulation kam es nie mehr.

Übrigens, die Gastspiele in München und Düsseldorf waren eine Katastrophe, und es begann das ganz normale Künstlerleben mit seinen Ups and Downs. In meiner Arbeit spielte zwar das Auftreten eine große Rolle, aber es war nicht meine einzige Rolle.

Bevor der Kabarettist mit einem Text auf die Bühne geht, schreibt er ihn, und der Autor stand für mich immer am Anfang meiner Arbeit. Als Autor habe ich mich gern in verschiedenen Formen versucht, in der Kurzgeschichte, im Gedicht, im Chanson, in der Novelle, im Roman, im Theater, in Kinderbüchern, in Radio- und Fernsehsendungen für Kinder, aber auch in der satirischen Glosse für Fernsehen oder Radio. Es interessierte mich das ganze Spektrum – ich sah mich stets als literarischen Allgemeinpraktiker.

Gewohnt habe ich in dieser Zeit in Zürich, zuerst an der Hochstraße in einer Dachkammer des evangelischen Kantonsspitalpfarrers, dann an der Höschgasse in der neogotisch-postschottischen Villa Egli, dann in Männedorf im Gästehäuschen eines Zürichseeanwesens, dann in Uetikon hoch über dem See, in einer Art altem Haus von Rocky Docky, das vor dem Zweiten Weltkrieg vom Schriftsteller Felix Moeschlin und viel später von Jürg Schubiger bewohnt worden war. Seit 27 Jahren bin ich in Oerlikon, in einem mittlerweile über 100jährigen, von immer höher wachsenden Bäumen umstellten Backsteinhaus, von dem aus ich Adler sehe und die Eruption neuer Berge in der Agglomeration beobachte und das mein verstorbener Freund Niklaus Meienberg halb ironisch, halb vorwurfsvoll als »Schlössli« bezeichnete.

Am ersten Morgen, nachdem wir nach Zürich umgezogen waren, einem Frühlingstag des Jahres 1978, stand ich an der Tramhaltestelle Regensbergbrücke und sah einen Mann auf dem Velo die Hofwiesenstraße hinaufstrampeln. Er trug ein überaus farbiges, geschmackloses Hawaii-Hemd, hatte kurze Hosen und Damenstrümpfe an, und ich erinnere mich gut an die Erleichterung, die ich spürte, als ich nach zehn Jahren Exil in ländllichem Glück mit dörflicher Sozialkontrolle diesen Velofahrer sah, er kam mir vor wie ein Bote, der mir die Nachricht überbrachte, hier könne ich aussehen, wie ich wolle, es kümmere niemanden. Es war ein Willkommgruß der Stadt.

Aber die Rechnung geht nicht so einfach auf. Nicht jede Kostümierung ist hier willkommen, und eine Stadt wie Zürich ist ein rätselhaftes und widersprüchliches Gebilde. Ich kann mit Ihnen am Vormittag einen Rundgang unter dem Titel »Zürich, schönste Stadt der Welt« machen, und am Nachmittag einen zweiten Rundgang »Zürich, hässlichste Stadt der Welt«. Sieger und Verlierer sind hier ganz nah zusammen, und doch leben sie in verschiedenen Welten, wissen oft nichts voneinander. Und wenn eines Tages die Verlierer aufstehen und wie vor 25 Jahren sagen, sie seien die Kulturleichen der Stadt, wissen die Sieger nicht, wovon die Rede ist. Vielleicht heißt das Motto beim nächsten Aufstand nur noch »Wir sind die Leichen der Stadt«, und die Gewinner werden erneut die Köpfe schütteln und dankbar aus den Zunfthäusern auf den Einsatz der Wasserwerfer blicken.

Zürich ist Bühnenbild für Welttheater. Auf dem gepflegtbeschaulichen Fraumünsterplatz, auf dem die Stadtbevölkerung 1946 Winston Churchill zujubelte, als er ein vereinigtes Europa forderte, starben schon Menschen durch Schüsse des Militärs, beim Generalstreik und beim Züriputsch, im Keller des ebenso hässlichen wie dauerhaften Coopgebäudes auf der Bahnhofbrücke, welches damals noch das Globusprovisorium war, wurden 1968 wahllos Menschen durch die Polizei misshandelt, nachdem der Megaphon-Aufruf von Polizeikommandant Bertschi vom Balkon gegenüber, der Aufruf »Bitte lösed Sie sich uuf!« erfolglos verhallt war. An diesen Aufruf erinnere ich mich noch gut. Ich stand damals auf der anderen Seite am Central, und es war der Urschrei der Sieger an die Verlierer, oder der Zufriedenen an die Unzufriedenen, sie sollen sich doch am liebsten einfach auflösen. In den achziger Jahren wurde die Kulisse der Bahnhofstraße durch Züge von Jugendlichen verwüstet, zugunsten eines autonomen Jugendzentrums auf der Schattenseite des Hauptbahnhofs, das nach ebenso kurzer wie chaotischer Lebenszeit zu einem Busparkplatz eingeebnet wurde, dann wurde ein Akt mit dem Untertitel »Ein Alptraum« eingeschoben, in dem Hunderte von Drogenabhängigen den Platzspitz hinter dem Landesmuseum in Besitz nahmen und dann weiter ins Lettenareal zogen, bis sie verschwanden oder zum Verschwinden gebracht wurden – wo sind sie eigentlich heute? – und seit den neunziger Jahren wälzt sich jedes Jahr der Millionenwurm der Street-Parade als wummerndes Bekenntnis zum Fun durch unser Zureich, ein Bekenntnis, das dieses Jahr mitgetragen wurde durch Scharen von Kunststoff-Teddybären von infantiler Harmlosigkeit. Wie das Stück in diesem mir inzwischen vertraut und auch lieb gewordenen Bühnenbild weitergeht, weiß niemand, wir sollten uns aber durch das Vertraute und Friedliche nicht täuschen lassen und auf Überraschungen gefasst sein.

Nachdem mir an einem sonnigen Donnerstagnachmittag im Juni der Stadtpräsident mitgeteilt hatte, dass ich den Zürcher Kunstpreis bekommen solle, sich dann mit mir und Beat Kennel zusammen den Fotografen gestellt hatte, und in einer Ecke des Saales, intensiv gestikulierend, den Fragen des »Tages-Anzeigers«, deren Charme sich mir erst tags darauf eröffnete, stand ich anderthalb Stunden später, immer noch überrumpelt und etwas ratlos, unter den Arkaden des Stadthauseingangs auf den Reiskörnern und Rosenblättern der Trauungen und Scheinehen und fragte mich: Und jetzt?

Dann ging ich, vorbei am Denkmal Zwinglis, nach einem Abstecher zum Hechtplatz zum Großmünster hinüber, in dem ich schon musikalische Meditationen abgehalten und den frisch diplomierten Ärzten zugesprochen hatte, setzte mich zum Orgelspiel eines Musikhochschülers, das gerade durch die Kirche brauste, in die Krypta zur unheimlichen Statue Karls des Großen, um mich bei den Ortsgeistern zu bedanken.

Dann betrat ich das Dada-Haus, im Gedenken an meine toten kosmopolitischen und pankulturellen Kollegen, erinnerte mich auch an den in Zürich gestrandeten Walter Mehring, mit dem zusammen ich 1970 die erste literarische Ehrengabe der Stadt Zürich bekommen hatte und der sich bei mir beklagte, dass niemand das verlegen wolle, was er heute schreibe, ging dann an Lenins Wohnhaus und Gottfried Kellers »Öpfelchammer« vorüber zum Neumarkt, wo ich vor der »Kantorei« zwei lebende Schriftstellerkollegen grüßte, die, wie man das von Schriftstellern erwartet, einen gespritzten Weißwein tranken und diskutierten. Vorsichtshalber erzählte ich ihnen nichts von meinem Glück, sondern besuchte den Hutladen etwas weiter oben, kaufte mir dort, ohne auf den Preis zu achten, einen neuen Panamahut für den heißen Sommer und setzte ihn sofort auf.

Ich machte dann einen kleinen Umweg durch die Froschaugasse und gedachte all der Juden, denen Zürich kein Glück gebracht hatte, vom Mittelalter bis hin zu Else Lasker-Schüler, die mir für einen Augenblick aus der Synagogengasse in den Weg trat und zu mir sagte: »Ich suche allerlanden eine Stadt, die einen Engel an der Pforte hat.« Ich entschuldigte mich bei ihr, dass auch Zürich nicht diese Stadt war, bevor ich zur Universität hochstieg und in Gedanken den Rektor Schweizer grüßte. Dann bestieg ich das Tram bei der ETH, fuhr am Haus an der Universitätsstraße vorbei, in dem James Joyce am »Ulysses« schrieb, den ich auch in diesen Sommerferien im Koffer hatte und auch in diesen Sommerferien wieder nicht gelesen habe, stieg am Milchbuck in den Vierzehner um, verließ ihn am »Sternen Örlikon«, ging die Gubelhangstraße hinauf, die schon Albin Zollinger heruntergekommen war, wenn er seine Manuskripte zur Post brachte, öffnete unser rostiges Gartentor unter der großen Birke, von welcher der unruhige Gesang der Mönchsgrasmücke erklang, ging die Treppe hoch und machte die Haustür auf. Weiter stieg ich das Treppenhaus hoch bis zum Arbeitszimmer Ursulas, der Frau, die ich 1968 in Zürich geheiratet habe und die mich 1968 in Zürich ebenfalls geheiratet hat. Weder sie noch ich wussten damals etwas von unsern beiden Söhnen, die später dazukamen und hier zu Zürchern wurden. Sie saß, wenn ich mich recht erinnere, an ihrem Laptop.

»Und«, fragte sie, »warum musstest du ins Stadthaus?«

Ansprache zum Kunstpreis der Stadt Zürich 2005, Schauspielhaus, 20. September 2005

Der Tod

»Ich möchte, dass die Welt mal lächelt,
Eh's zu spät ist.«

Wenn es für Hanns Dieter Hüsch so etwas wie ein Credo gab, dann war es dieses.

Dafür schrieb er, dafür war er unterwegs, als Meister einer Sparte, die während seinen Lebzeiten zunehmend an Boden verlor, als Meister des literarischen Kabaretts. Dafür spielte, sang und orgelte er fast Abend für Abend auf einer der großen oder kleinen Bühnen der deutschen Sprachlandschaft, zu der für ihn auch die Schweiz gehörte, wo er immer gerne hinkam. Wenn ich seine vollgekritzelte Agenda sah, in welche er seine Auftritte und Verpflichtungen eintrug, hatte ich den Eindruck, Hüsch gebe der Welt nicht mehr viel Zeit, um zu lächeln, und er werde vom Gefühl getrieben, es könnte tatsächlich bald zu spät sein.

Seine Texte waren nicht auf das große Lachen aus, sondern auf das Lächeln, welches der Bruder des Nachdenkens ist, sein Blick auf die Welt war nicht der des unerbittlichen Satirikers, sondern der des Staunenden, des Verwunderten, dessen, der jeden Tag neu geboren wird.

Eine seiner unvergesslichen Figuren nannte er Hagenbuch, und jede Erzählung über ihn begann mit dem Satz »Hagenbuch hat jetzt zugegeben« und ging dann z. B. weiter: »dass die Erziehung seiner Kinder eine völlig verfehlte war.« Und was nachher kam, war ein absurdes Feuerwerk, eine brillante Demontage aller Regeln der Logik und aller Regeln der Gesellschaft, er entledigte den Menschen all seiner bergenden Hüllen, Konventionen und Gebräuche, bis er nackt, schutzlos und in höchstem Maße liebesbedürftig vor uns stand.

Nie war Hüsch darauf aus, die Menschen durch die Karikierung ihrer Schwächen zu zerstören, dazu liebte er sie zu sehr. »Ich widme diese Schrift-Stücke«, schrieb er einmal, »allen Erwachsenen, die plötzlich aussehen wie Kinder, die sich noch mit nichts befasst, aber alles verstanden haben.«

Doch eine große Forderung hatte er an die Menschen, sie war immer wieder herauszuhören aus seinen Liedern und Texten, etwa aus demjenigen, den er in seinen letzten Programmen immer als Zugabe vortrug, in dem es hieß:

»Was ist das für ein Phänomen
Fast kaum zu hören, kaum zu sehn
Als Kind hat man's noch nicht gefühlt
Hat noch mit allen schön gespielt

Doch dann hieß es von oben her
Mit dem da spielst du jetzt nicht mehr
Das möcht ich nicht noch einmal sehn
Was ist das für ein Phänomen«

Und was er von seinem Publikum, also von uns verlangte, war nicht mehr und nicht weniger als das:

»Nur wenn wir alle in uns sehn
Besiegen wir das Phänomen
Nur wenn wir alle in uns sind
Fliegt keine Asche mehr im Wind.«

Seit einem schweren Schlaganfall vor fünf Jahren ist Hanns Dieter Hüsch langsam verstummt. Nur einige wenige Gedichte hat er noch geschrieben. Eines davon heißt

»Du hast alles erreicht
Was willst du denn jetzt noch?

Eine zweite Geschichte
Ein zweites Leben
Ein weißes Schiff.«

Heute Nacht durfte er nach einem langen Leiden das weiße Schiff besteigen.

Nachruf auf den Kabarettisten Hanns Dieter Hüsch für die Sendung »Echo der Zeit«, Radio DRS 1, 6. Dezember 2005

Das Gebet

»Rufe doch! Ob einer ist, der dir Antwort gibt?«
Hiob 5,1

Liebe Bettagsgemeinde,

vor einem Monat war ich in einer SAC-Hütte im Tessin, ich saß mit Leuten am Tisch, die ich nicht kannte, und als wir uns das Nachtessen aus den Schüsseln geschöpft hatten und ich Messer und Gabel zur Hand nahm, sah ich, dass mein Tischnachbar den Kopf neigte, die Augen schloss und ganz kurz die Hände auf dem Schoß faltete, bevor auch er zum Besteck griff. Er tat dies so verstohlen, als lebe er in einer Diktatur der Ungläubigen und könne dafür bestraft werden.

Am nächsten Vormittag dann erreichte ich mit meinem Bergführer nach einem mehrstündigen Aufstieg über Geröll, Gletscher und Grat den Pizzo Basodino, an dessen Gipfelfelsen eine kleine gusseiserne Madonna angebracht ist. Von den zwei Berggängern, die kurz nach uns oben ankamen, küsste der erste noch während der letzten Schritte ganz schnell seine rechte Hand und berührte dann damit die Madonna, bevor er seinem Kollegen die Hand gab und »Bravo!« sagte.

Ich glaube, das waren zwei Dankgebete, eines für das tägliche Brot und eines für die glückliche Besteigung. Ihre Heimlichkeit und ihre Flüchtigkeit waren eigenartig. Beide Male hatte ich das Gefühl, den Betenden sei ihre Geste etwas peinlich, und im Grunde genierten sie sich ein bisschen.

Beten ist etwas Persönliches, es ist Teil der Intimsphäre, nahe bei Sex und Bankkonto, und gehört nicht an die Öffentlichkeit, und wenn, dann in die dafür vorgesehenen Räume, in die Flughafenkapelle oder ins Großmünster zum Beispiel, und am besten auch an dem dafür vorgesehenen Tag, am Sonntag, oder noch besser, am Bettag, also heute.

Dabei kann Beten gar nicht so verpönt sein, wie wir meinen. Umfragen ergeben offenbar immer wieder, dass viele von uns regelmäßig beten, die Zahlen, die man lesen kann, schwanken zwischen 39 und 90%. 39 klingt bei einer Prozentzahl immer glaubwürdiger, wahrscheinlich kommt es aber auch darauf an, wer fragt, das »Allenspacher Institut für Demoskopie« oder die »Christen am Gotthard«.

In einer rational orientierten und funktionierenden Welt wie der unsern ist Beten etwas Irritierendes, mehr noch, ein Ärgernis. Die Hoffnung, ein höheres Wesen nehme sich unter fast 7 Milliarden Menschen auf der Welt gerade meiner Sorgen an, halte seine schützende Hand gerade über mich, über meine Angehörigen, über meine Stadt, über mein Land, ist absurd. Das wusste schon einer der ersten Kirchenväter, der dafür den Satz »Credo, quia absurdum« gefunden hat, »ich glaube, obwohl es absurd ist« oder sogar »weil« es absurd ist. Dass es absurd ist, wusste auch mein Urgroßvater. Als der jährliche Dorfumgang in Sisseln, bei dem alle Wiesen und Äcker gesegnet wurden, bei einer besonders mageren Wiese ankam und das Weihwasser über diese verspritzt wurde, sagte er vernehmlich: »Do hilft ke Bätte. Meh Mischt mues häre.«

Daran musste ich denken, als vor einer Woche Präsident Bush der Bevölkerung von Texas angesichts des heranwirbelnden Hurrikans »Ike« zurief: »We'll pray for you!« Wir werden für euch beten. Das ist natürlich billiger, als Dämme zu bauen.

Ich weiß nicht, was mein Urgroßvater zur Gruppe gesagt hätte, die sich in den USA seit dem Mai dieses Jahres, als der Benzinpreis 4 Dollar pro Gallone erreicht hatte, an Tankstellen trifft, um für niedrigere Benzinpreise zu beten. Sie nennt sich »Prayer at the pump«, »Gebet an der Zapfsäule«, und es kommen jeweils bis zu 200 Menschen.

Der Benzinpreis ist übrigens seither um 10 Cent gesunken.

Wie soll sich denn Gott unser annehmen, und wessen soll er sich annehmen, wenn zu ihm gebetet wird? Hat er die Präambel unserer Bundesverfassung gelesen, und wenn ja, interessiert sie ihn mehr als die Magerwiesen in Sisseln und die Wirbelstürme und Benzinpreise in Amerika?

Dazu eine kleine Fabel von Wolfdietrich Schnurre:

Die schwierige Position Gottes

»Und verschone uns mit Feuer, Missernte und Heuschreckenschwärmen«, beteten die Farmer am Sonntagmorgen.

Zu gleicher Zeit hielten die Heuschrecken einen Bittgottesdienst ab, in welchem es hieß: »Und schlage den Feind mit Blindheit, auf dass wir in Ruhe seine Felder abnagen können.«

Das wird tatsächlich nicht leicht für Gott, denn auch die Heuschrecken sind Kinder seiner Schöpfung und sind zum Leben ausersehen, und nicht zum Verhungern.

All unsere Bitten an Gott sind der verzweifelte Versuch,

auf uns aufmerksam zu machen im Gedränge der Menschen und im Gedränge der Schöpfung.

»Rufe doch! Ob einer ist, der dir Antwort gibt?« Mit diesen Worten fordert im Alten Testament ein Freund den vom Unglück geschlagenen Hiob zum Gebet auf.

Im Zweifel darüber, ob das Gebet bei Gott ankommt, ob da einer ist, der uns Antwort gibt, haben sich die Christen im Laufe der Jahrhunderte Helfer gesucht, Stellvertreter, an die sie sich wenden, damit diese an höherer Stelle für uns Fürbitte einlegen, es sind die Heiligen, und als mächtigste und vertrauenswürdigste von allen eine Stellvertreterin, Maria, die Mutter Gottes.

Einer, der von dieser Kanzel gepredigt hat, Huldrych Zwingli, hat die Heiligen aus dieser Kirche vertrieben, damit das Gebet zu Gott wieder wichtiger wurde als das Gebet zu den Heiligen oder zur Mutter Gottes. Zu »Gott, dem Herrn«, wie vor zehn Tagen der Kirchenrat der reformierten Kirche bekräftigt hat. Zwingli hätte sich gewundert, wäre er mit mir auf den Pizzo Basodino gekommen, und er würde sich wundern, wenn er heute z. B. die Wallfahrtskirche in Einsiedeln besuchen würde und die Wände voller Votivtafeln sähe, auf denen bezeugt wird: »Maria hat geholfen«, und zwar aus tödlichen Krankheiten, aus schlimmen Unfällen, aus allen nur denkbaren ausweglosen Nöten. Er würde sich auch wundern, wenn er sähe, dass die Schilder, welche dort um Ruhe für die Gebetsstätte bitten, auf Deutsch, Italienisch und Tamilisch geschrieben sind, denn auch die Tamilen, seien sie christlich oder nicht, gehen zur schwarzen Madonna von Einsiedeln, um sie um Hilfe zu bitten.

Not lehrt beten, sagt ein Sprichwort, in der Not rufen wir wie Hiob, um zu sehen, ob einer ist, der uns Antwort gibt, oder auch eine.

Sie kennen die Geschichte vom Missionar, der mit dem Schiff zu seinem fernen Bestimmungsort über den indischen Ozean fährt. Das Schiff gerät in einen fürchterlichen Sturm, und besorgt sucht der Missionar den Kapitän auf und fragt ihn: »Wie sieht es aus, kommen wir durch?«

Der Kapitän sagt: »Wir stehen jetzt ganz in Gottes Hand.«

Darauf der Missionar: »Ist es so schlimm?«

Dieser Witz gefällt mir, weil die Pointe mehr als satirisch ist, denn nebst dem, dass sie den Gottesmann als jemanden entlarvt, der selbst nicht an das glaubt, was er verkündet, lässt sie etwas sehr Menschliches durchblicken, nämlich dass niemand von uns wirklich sicher ist, ob da einer ist, der Antwort gibt, einer, der unsere Gebete erhört.

Der Verstand nämlich sagt uns: niemand erhört unsere Gebete, kein höheres Wesen mischt sich in unser Erdenleben ein, um für Hilfe und Gerechtigkeit zu sorgen, wie hätte dieses höhere Wesen sonst Auschwitz zugelassen oder Hiroshima oder Srebrenica?

Wenn Auschwitz oder Hiroshima oder Srebrenica irgendeinen Sinn hatten, dann den, uns Menschen aufzurufen, Antwort zu geben, beizutragen dazu, dass so etwas nicht passieren kann, oder, von heute aus gesprochen, nicht mehr passieren kann.

Allerdings hören wir von Ärzten, dass es denjenigen Patienten besser gehe, denen man sage, man werde auch für sie beten. Der Letzte, der mir das erzählte, war keineswegs religiös, und er sagte mir, er mache das manchmal auch und bete dann wirklich für den betreffenden Patienten.

Es muss im Gebet eine Kraft sein, die nicht nur vertikal wirkt, sondern auch horizontal und auf irgendeine seltsame Weise den Weg zu denen findet, die mit dem Gebet gemeint sind. An diese Kraft glaube ich, ich zünde oft eine Kerze an für die, die ich gern habe, und die, die in Not sind, und die, die leben wollten und sterben mussten, und ich denke an sie.

Zum Gebet gehört die Stille, deshalb möchte ich jetzt einen Moment nichts sagen.

(Moment der Stille)

In einem meiner Bücher habe ich von der Begegnung mit einer Nonne aus dem Kloster Niederrickenbach in der Innerschweiz erzählt, die ich auf einer Wanderung traf.

Kürzlich schickte mir eine Leserin einen Brief zu diesem Buch mit einigen ihrer Eindrücke. »Wissen Sie«, schrieb sie mir unter anderem, »dass in diesem Kloster seit 150 Jahren das ewige Gebet eingehalten wird? D. h. Tag und Nacht steht dort eine der (noch 15) Nonnen in Fürbitte für die Menschen dieser Zeit.«

Nein, das wusste ich nicht.

Was ich seit langem weiß, ist, dass unsere liebe Frau im Hauptbahnhof, Frieda Bühler, auf ihren Rollstuhl gestützt, vom Morgen früh bis abends spät die Reisenden segnet und für sie betet.

Wer sich dann kundig macht über diese Form des immerwährenden Gebets, erfährt, dass es auf der ganzen Welt Klöster gibt, in welchen sozusagen ständig jemand für uns auf Pikett ist, meistens übrigens Frauen, Benediktinerinnen, Kapuzinerinnen, Franziskanerinnen, das Kloster in der Au hat sogar eine Internetseite, auf der Sie gefragt werden:

»Haben Sie ein Gebetsanliegen? Klicken sie hier und geben Sie Ihre Bitte ein.«

So weit bin ich nicht gegangen, aber ich muss zugeben, ich als einer, der nicht betet, fühle mich gewärmt durch den

Gedanken, dass in meiner Nähe Orte sind, in denen Tag und Nacht jemand betet, im Glauben daran, dass einer ist, der Antwort gibt.

Und wenn da keiner ist, der Antwort gibt?

Was dann?

Dann müssen wir einspringen, Sie und ich.

Bettagspredigt Großmünster Zürich, 21. September 2008

Der Weg

Liebe Maturandinnen, liebe Maturanden, und alle andern, die auch lieb sind

Was ist die Stellung der Posaune im Sinfonieorchester? Was ist eine posttraumatische Belastungsstörung? Wie groß ist der Einfluss des Zufalls beim Poker? Verleiht der Energy Drink wirklich Flügel? Was sind die Ursachen der Airbus-Krise? Gibt es Energieverschleiß an der Kantonsschule Oerlikon? Was macht Chili scharf?

Als ich die Mittelschule abschloss, wäre keine dieser Fragen ein Maturthema gewesen, und es freut mich, dass das heute anders ist. Ich habe mir eine Liste eurer Maturarbeiten geben lassen, damit ich ein bisschen weiß, mit wem ich es heute zu tun habe, und diese Liste, aus der Sie gerade eine Auswahl gehört haben, hat mich beeindruckt. Vor mir sitzen also junge Leute, die sich nicht nur über die vorhin erwähnten Fragen Gedanken gemacht haben, sondern auch über Mutter-Tochter-Beziehungen, über sexistische Werbung in den Print-Medien, über Zwangsehen in der Schweiz, über Skinheads, über Integration von Migrantenkindern in der Schule, über Linkshändigkeit, über das Aufmerksamkeitsdefizit–Syndrom (etwas, das mich mit zunehmendem Alter immer mehr interessiert …), über das Sehen, über das Hören, über das Lachen. Da sitzen auch welche, die Bescheid wissen über Windkraft, über Kernkraft, über Biogas, über die kosmische Höhenstrahlung, über Nanotechnologie, Raytracing, NXT's, Data Encryption, und über den Preiskampf zwischen Migros und Coop. Die Schlupfwespen wurden untersucht, die Anlockungs- und Fangmechanismen von fleischfressenden Pflanzen, der Lebensraum afrikanischer Elefanten, die Spinnenphobie, der Exorzismus und das Kinderzimmer. Und den Titeln entnehme ich auch, dass nicht bloß geschrieben wurde, sondern dass Gitarren, Roboter und Surround-Systeme gebaut wurden, dass CDs komponiert wurden, ja dass sogar Bier selber gebraut wurde.

Ich habe jetzt nur etwa einen Fünftel aller abgelieferten Arbeiten erwähnt, aber dieser Fünftel genügt zur Annahme, dass vor mir eine lebendige Enzyklopädie sitzt, dass hier Brockhaus, Google und Wikipedia live versammelt sind, und er genügt mir auch zur Annahme, dass Sie an diesen Arbeiten nicht nur geschwitzt und gelitten haben, sondern dass sie Ihnen auch Spaß machten, weil sie offensichtlich auf eine Wahl zurückgehen, auf Ihre eigene Wahl, sich mit etwas zu beschäftigen, bei dem Sie Ihr Geschick und Ihre Neugier mit der Anwendung Ihres Wissens und Ihrer Lerntechnik verbinden können, ich sehe darin einen Ausdruck, über den auch jemand von Ihnen eine Arbeit geschrieben hat: Selbstbestimmtes Lernen.

Ich lese Ihnen eine kleine Geschichte aus meinem Buch »Die blaue Amsel«. Sie heißt

Lernerfolg

»Siehst du«, sagte die Logopädin strahlend zu ihrem 7jährigen Schüler, nachdem er erstmals und mehrmals das »sch« richtig ausgesprochen hatte, »siehst du, du musst nur die Zunge etwas nach hinten nehmen, und schon geht es.«

»Ja«, sagte der Schüler und nickte. Und dann fügte er hinzu: »Ich habe sie eben lieber vorne.«

Ich weiß nicht, wem Ihre Sympathie gehört, aber ich weiß, dass hier einer verzweifelt versucht, das zu verteidigen, was er gerne tut. Er wird sich anpassen müssen, und die Anpassung wird ihm weiterhelfen, aber sie ist ein Sieg und eine Niederlage zugleich.

Ich nehme an, Sie alle haben während der Schulzeit Dinge gelernt, die Sie nicht gerne lernten, Dinge, von denen Sie überzeugt waren, dass sie Sie nichts angehen, dass Sie sie nicht brauchen und dass sie Ihnen nichts nützen.

Mir kommt wieder der Stundenplan einer meiner Söhne in den Sinn, den er in der Küche aufgehängt hatte, damit wir wussten, wann er in der Schule ist. Auf diesem Stundenplan hatte er ein paar kleine gelbe Striche gemacht, und als ich ihn fragte, was diese bedeuteten, sagte er, das seien die Stunden, auf die er sich freue. Es waren 6 von 30.

Das sind unbarmherzige und ernüchternde Meldungen von der pädagogischen Front, und ich hoffe, diejenigen von Ihnen, die sich später auf die andere Seite dieser Front begeben, werden die Erinnerung an ihre eigenen Stunden der Langeweile nicht vergessen.

Viele von Ihnen werden möglicherweise die verblüffende Erfahrung machen, dass auch die Gebiete, in denen sie sich nun ausbilden wollen, voll von Dingen sind, die sie nichts angehen. Wer Chirurg werden möchte, will keine chemischen Formeln mehr lernen, wer moderne Literatur studieren will, braucht die Regeln der zweiten hochdeutschen Lautverschiebung nicht zu kennen, und trotzdem werden sie von ihm verlangt.

Möglicherweise werden Sie auch im Berufsleben darauf

stoßen, dass Sie von Dingen, die Sie langweilen, geradezu umstellt sind. Sie wollten Psychotherapeutin werden und posttraumatische Belastungsstörungen behandeln oder Aufmerksamkeitsdefizit-Syndrome oder Mutter-Tochter-Beziehungen begleiten und müssen nun Berichte für die Krankenkasse oder die Invalidenversicherung schreiben und Anträge stellen und Formulare ausfüllen.

Vielleicht ist deshalb der Andrang zu allen künstlerischen Berufen so groß, weil dahinter die Hoffnung steckt, man könne dann das tun, was einem wirklich gefällt. Ich habe nicht zuletzt aus diesem Grund im 5. Semester meinem Studium den Rücken gekehrt und bin freischaffender Künstler geworden, und ich bin es noch heute, aber – Sie täuschen sich, wenn Sie jetzt denken, ich erzähle Ihnen, was ich alles tun muss, das mich nichts angeht, denn ich will Sie weder entmutigen noch mit Erfahrungen winken, die Sie selbst machen oder nicht machen werden.

Debussy, der Komponist, hat einmal gesagt: »Als ich jung war, haben mir die Leute gesagt, warte, bis du 50 bist, dann wirst du sehen. Jetzt bin ich 50. Ich habe nichts gesehen.«

»In der Schweiz«, so fängt das einzige Grimm-Märchen an, das in der Schweiz spielt, »in der Schweiz lebte einmal ein alter Graf, der hatte nur einen einzigen Sohn, aber er war dumm und konnte nichts lernen.«

Eines Tages hat der Graf genug und schickt ihn zu einem berühmten Meister in eine fremde Stadt, »der soll es mit dir versuchen«.

Als der Sohn nach einem Jahr zurückkommt und ihn der Vater fragt, was er gelernt habe, sagt er: »Vater, ich habe gelernt, was die Hunde bellen.«

»Dass Gott erbarm!« ruft der Vater, »ist das alles, was du

gelernt hast?« und schickt ihn zu einem andern berühmten Meister, und als der Sohn nach einem Jahr wieder zurückkommt und ihn der Vater fragt, was er gelernt habe, sagt er, »Vater, ich habe gelernt, was die Vögli sprechen«.

Ein dritter Meister wird gesucht und gefunden, und als der Sohn nach einem Jahr zurückkommt, hat er gelernt, was die Frösche quaken.

Der Vater jagt ihn mit Schimpf und Schande davon, aber da es ein Märchen ist, trifft der Sohn unterwegs auf wilde Hunde, die ihm erzählen, warum das Schloss, in dem er übernachtet, verwunschen ist, er erlöst es von seinem Zauber und wird reichlich mit Gold belohnt, dann hört er, als er auf seinem Weg nach Rom an einem Sumpf vorbeikommt, die Frösche quaken, da gehe der neue Papst, was ihn sehr nachdenklich macht, und und bei seiner Ankunft in Rom ist gerade der alte Papst gestorben, und es fliegen zwei Tauben auf seine Schultern. Das ist für die Geistlichkeit das Zeichen, dass er der neue Papst ist, »darauf musste er eine Messe singen und wusste kein Wort davon, aber die zwei Tauben saßen stets auf seinen Schultern und sagten ihm alles ins Ohr«.

»Die drei Sprachen« heißt dieses Schweizer Märchen, und es fordert uns nicht gerade auf, unsere drei Landessprachen zu lernen. Seine Botschaft, wenn es denn eine hat, ist eher diese: Lernen Sie das, was Ihnen Spaß macht, auch wenn Ihre Eltern »Dass Gott erbarm!« rufen, vielleicht werden Sie Papst, oder sogar Päpstin.

Wenn Sie die mongolische Sprache interessiert, lernen Sie sie, vielleicht steht schon in zwanzig Jahren wieder ein Dschingis Khan vor den Toren Schwamendingens, und man ist froh, wenn jemand von uns mit ihm sprechen kann. Sinologie oder Arabistik waren ja während Jahren solche abgelegenen Fächer für ein paar weltferne Stubengelehrte, und plötzlich sind sie aktuell, denn alle fragen sich, was eigentlich die Chinesen wollen oder was wirklich in den islamischen Schriften steht, und ich habe mit Vergnügen und Respekt gesehen, dass eine Ihrer Maturarbeiten dem islamischen Gelehrten Abu Hamid al-Ghazali nachgeht.

Die Sprache der Vögel ist bestimmt etwas Schönes, aber was kann sie schon zur Bewältigung unseres Alltags beitragen? Das Studium der Zugvögel etwa, bringt uns das irgendetwas? Das sind Fragen des alten Grafen, der die Antwort darauf auch schon kennt. Aber er weiß noch nichts von der Vogelgrippe, die uns seit einigen Jahren beschäftigt und bei der plötzlich das Wissen um die Zugvögel gefragt ist wie nie zuvor.

Auch die Kenntnisse der Anlockungs- und Fangmechanismen fleischfressender Pflanzen würde ich nicht unterschätzen. Woher wissen wir, dass sich nicht gerade diese Pflanzen in unserm Jahrhundert im Zuge der Klimaerwärmung in ungeahntem und nie gesehenem Maße vermehren und zu einer Plage werden, die unsern ganzen Planeten gefährdet?

Der alte Graf wird das nicht glauben, denn er ist nur an einer soliden Ausbildung interessiert, er lebt schließlich in der Schweiz. Oder konkreter gesagt: es gibt wenig Eltern, die ihren Kindern raten, ja nicht Jura zu studieren, sondern stattdessen auf eine Schauspielschule zu gehen.

Es gibt viele Wege, und keiner davon ist mit Sicherheit der richtige, es gibt auch viele Wegweiser, aber der wirkliche Wegweiser sind Sie selber.

Ich lese Ihnen ein kleines Gedicht des spanischen Lyrikers Antonio Machado, es heißt »Caminante«, »Wanderer« – zuerst im Original:

Caminante, son tus huellas
el camino, y nada más;
caminante, no hay camino:
se hace camino al andar.
Al andar se hace camino,
y al volver la vista atrás
se ve la senda que nunca
se ha de volver a pisar.
Caminante, no hay camino,
sino estelas en la mar.

Ich habe dieses Gedicht auf Schweizerdeutsch übersetzt:

Wanderer, nur dyni Tritt
si der Wäg, wo d nid darfsch verloh.
Wanderer, s git kei Wäg
du sälber machsch ne n im Goh.
Dört, wo du gohsch, isch der Wäg
suech rueig dyni Spur und lueg zrugg:
du gohsch nie meh über dä Stäg
du gohsch nie meh über die Brugg.
Wanderer, s git kei Wäg
nume Bäch, wo nie blybe stoh.

Wer Spanisch kann, wird gemerkt haben, dass ich den Wanderer in der letzten Zeile vom Meer in die Berge geholt habe, denn auch ich lebe schließlich in der Schweiz.

Vielleicht führt Sie Ihre Wanderung ans Meer, vielleicht in die Berge, vielleicht in die Städte, aber wo immer sie hinführt, ich wünsche Ihnen einen guten, einen eigenen Weg.

Und – vergessen Sie die andern nicht, mit denen Sie nun

ein paar Jahre zusammen gegangen sind, vielleicht können sie Ihnen helfen, wenn Sie einmal etwas über Linkshändigkeit, Posaunen oder Kinderzimmer wissen wollen.

Matura-Ansprache Kantonsschule Zürich-Oerlikon, 5. September 2008

Der Abschluss

Liebe Festgemeinde,

als mich der Rektor bat, einige kurze Worte des Dankes auch im Namen der andern Geehrten an Sie zu richten, bin ich ein bisschen erschrocken, ist mir doch bei einem Blick auf die Ehrenliste klar geworden, dass ich unter Doktoren, Professoren und Monsignoren der einzige Titellose bin, oder es bis heute Morgen noch war.

So spreche ich zunächst für mich selbst: Ich habe im 5. Semester meines Germanistikstudiums unter Zurücklassung zweier Seminararbeiten die Universität Zürich verlassen, um mich als freischaffender Autor und Bühnenkünstler zu versuchen. Dieser Versuch dauert heute noch an.

Meine Seminararbeiten beschäftigten sich mit dem »Saal der Vergangenheit« in Goethes Entwicklungsroman »Wilhelm Meisters Lehrjahre« und mit den Wortzusammensetzungen im altsächsischen Epos »Heliand«.

Beim Wiederlesen dieser linguistischen Arbeit habe ich so ausdrucksvolle Komposita gefunden wie firiwit, gristgrimmo und weroldstunda, Vorwitz, Neugier – Zähneknirschen – und die Stunden auf der Welt, also das irdische Leben.

firiwit, die Neugier ist wohl das, was Künstler, Forscher und Wissenschafter gleichermaßen antreibt, wir möchten wissen, wie weit wir gehen können, im Gestalten und im Denken, wir möchten wissen, was hinter dem Unbekannten und dem Ungedachten steckt. gristgrimmo, das Zähneknirschen, ist der Begleiter unserer Enttäuschungen, unserer Niederlagen, die nur den einen Sinn haben, uns weiterzubringen, in der weroldstunda, die uns zugedacht ist.

Dass nun mein sprachliches Lebenswerk von der philosophischen Fakultät der Universität Freiburg sozusagen als Dissertation anerkannt wird, freut und rührt mich, und ich danke der Fakultät für diese Ehre. Wenn ich in Zukunft gefragt werde, wo ich eigentlich abgeschlossen habe, werde ich ohne Zögern sagen: Université de Fribourg, Faculté des lettres.

Als ich seinerzeit, im Gegensatz zu meinem Bruder, mein Studium abbrach, war mein Vater etwas enttäuscht. Er ist vor drei Tagen 94 geworden, und als ich ihm von dieser Auszeichnung erzählte, sagte er zuerst verwundert, »vo dere schwarze Uni!« (de cette université noire), und dann zufrieden: »Jetz hani zwe Söhn mit eme Doktertitel« (maintenant j'ai deux docteurs parmi mes deux fils).

C'est ce que je peux dire quant à moi. En ce qui concerne les autres lauréats: Je suis sûr que chacun qui est honoré ici aujourd'hui se réjouit de cette marque d'estime et se sent confirmé et encouragé dans son travail et ses efforts, quels qu'ils soient.

Wir haben vorhin in den verschiedenen Ansprachen von der politischen Stellung der Universität gehört, von ihrer Autonomie, von der Demokratie für ihre Angestellten, von den Menschenrechten und der Meinungsfreiheit.

Gestatten Sie mir, dass ich meinen Dank mit zwei kleinen Geschichten abschließe, die ich als poetische Ergänzung dazu vortragen möchte.

Die Kreide und der Schwamm

Eine Kreide begann langsam einen Satz an die Wandtafel zu schreiben:

»Etwas vom Wichtigsten auf der Welt ist – «

»Na?« sagte der Schwamm, der sich tropfend näherte.

» – der Schwamm«, schrieb die Kreide schnell.

»Na also«, sagte der Schwamm und ließ sich zufrieden in seine Schale unter der Tafel sinken.

Die Kreide

Als man das Schulhaus umbaute, wurden die Wandtafel, der Schwamm und die Kreide in einen Abfallcontainer geworfen.

Dabei fiel die Kreide vom Rand des Containers hinunter und brach entzwei.

Mit ihrem vorderen Stück begann sie langsam auf die Straße zu schreiben: »Das Wichtigste im Leben ist – »

»Na?« rief der Schwamm von oben.

» – die Freude« schrieb die Kreide, und setzte noch ein Ausrufezeichen dahinter, und noch eins, und noch eins, und noch eins.

Ich danke Ihnen und wünsche Ihnen allen viel Freude im Leben.

Ansprache zur Verleihung der Ehrendoktorwürde der Universität Fribourg, 14. November 09

Inhaltsverzeichnis

Das Kurze	5
Das Einfache	35
Das Kindliche	67
Der Dialekt	99
Die Medizin	105
Die Literatur	119
Die Kunst	125
Der Krieg	129
Die Anderen	137
Der Neger	141
Der Aufsatz	147
Der Anfang	151
Der Dank	155
Der Tod	165
Das Gebet	169
Der Weg	177
Der Abschluss	185

Franz Hohler

Vom richtigen Gebrauch der Zeit.

Gedichte. 96 Seiten. 2006

ISBN 978-3-630-62083-1

»Wenn Hohler vom Abschied, vom Warten oder vom Träumen schreibt, so hat das etwas Tröstliches. Denn das sind alles Dinge, die alle Menschen irgendwie betreffen. Egal welcher sozialer oder geografischer Herkunft.«

»Eine kleine, rotgefasste Kostbarkeit, die jede Minute wert ist, die man mit ihr, in ihr verbringt.«

Franz Hohler

Die Karawane am Boden des Milchkrugs

Groteske Geschichten. 144 Seiten. 2006

ISBN 978-3-630-62068-8

»Das zutiefst subversive Potential von Hohlers ›Geschichten‹ könnte darin liegen, dass der Autor nie entstellt oder überzeichnet. Er registriert, was er im Nachschauen findet, mehr nicht (...).«

Neue Zürcher Zeitung

»Franz Hohler ist nicht nur unerschöpflich an Einfällen, seine Texte zielen hier auf die ›Ausfälle‹ der menschlichen Vernunft. Er führt seine Geschichten mit Humor und Spannung in eine Wahrheit, der wir uns nicht verschließen können. .«

Aargauer Zeitung

Franz Hohler

Die Torte und andere Erzählungen

208 Seiten, gebunden, 2005
ISBN 978-3-630-87151-6

»Es ist die hintersinnig-abgeklärte Liebe zum Leben, von der die Geschichten durchdrungen sind. Die gewisse unmögliche Möglichkeit, vom Ereignis zu sprechen: Franz Hohler hat sie ergriffen«
Die Zeit

»Grandiose Geschichten.«
Tages-Anzeiger

»Er kann das: schalkhaft die Wirklichkeit in Fantasie aufgehen lassen.«
Aargauer Zeitung